Half of
My Heart
La Mitad de
Mi Corazón

True stories told by immigrants

Historias verídicas contadas por inmigrantes

REVISED EDITION

EDITED BY JO SALAS AND LESLIE GAUNA
WITH PHOTOS BY ELISSA I. DAVIDSON

Tusitala Publishing

Half of My Heart: True stories told by immigrants
La Mitad de Mi Corazón: Historias verídicas contadas por inmigrantes

Edited by Jo Salas
Spanish-language editor: Leslie Gauna
Photography by Elissa I. Davidson
Additional translation by Matt Spitzer.
Cover and interior design: Oxygen Design, Tilman Reitzle, Sherry Williams
Additional photos–pages 36, 88: Sherry Williams

First published 2007 by Hudson River Playback Theatre, Inc.
Second edition 2008 by Tusitala Publishing
137 Hasbrouck Road
New Paltz, NY 12561
USA
www.playbackcentre.org/tusitala

Half of My Heart and the Immigrant Stories project were made possible by
a generous grant from the Dyson Foundation.

ISBN-13: 978-0-9642350-7-6

To order please go to:
www.playbackcentre.org/tusitala
Quantity discounts available.

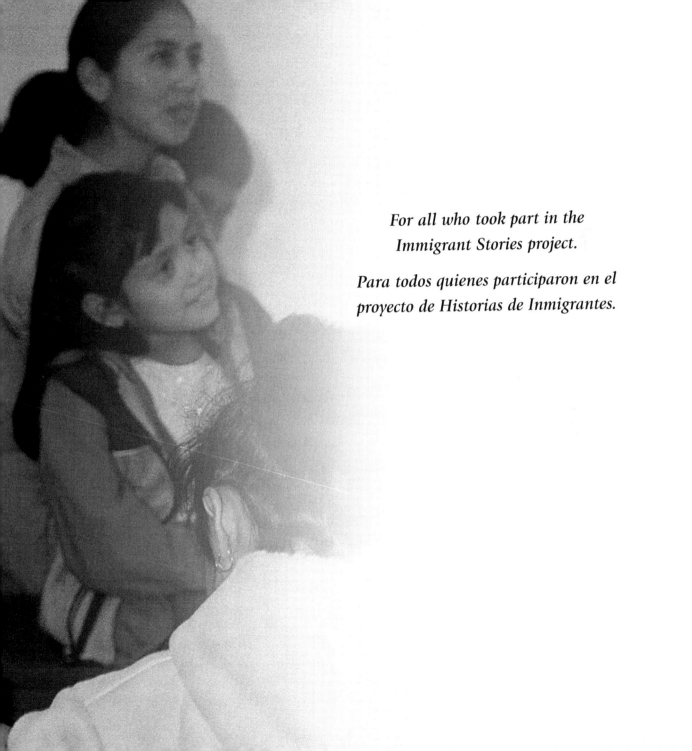

For all who took part in the
Immigrant Stories project.

Para todos quienes participaron en el
proyecto de Historias de Inmigrantes.

Contents

Introduction

Dutchess County, about 80 miles to the north of New York City, was the home of Iroquois before the late 1600s brought the first wave of white immigrants, most of them Dutch. Some of these early immigrants became slave-owners, adding involuntary African immigrants to the population. In the nineteenth century substantial numbers of new immigrants arrived from Italy, Ireland, and Germany. By now there are about 294,000 people in the county. Two medium-sized cities, Poughkeepsie and Beacon, sit on the banks of the wide Hudson River. Smaller towns and villages dot the rolling farmland to the east.

In recent years, as in many other parts of the United States, immigrants from Central and South America have come to Dutchess County seeking work and a better life for their families. They come in desperation and hope, fleeing poverty that is a tragic outcome of history and politics in which the United States has played a significant part. For example, Mexico, where the majority of immigrants come from, is forced to service its enormous debts to the US by focusing on production for export. As a result, poorer Mexicans simply do not see any gain from their labor since virtually all profits immediately leave the country. NAFTA has also led to extreme hardship. Three million farmers have had to abandon farming, unable to compete with American agribusiness. With no way of supporting their families, it is inevitable that many people look toward the great wealth and apparent opportunities just across the border.

For many, the journey here is intensely dangerous and often traumatic, as it was for Alejandra who endured a terrifying ride packed into the trunk of a car with three strangers; or for Gabriela who waded across the

Introducción

El condado de Dutchess ubicado a 80 millas al norte de la ciudad de Nueva York, hogar de Iroquois antes del siglo XVII, atrajo la primera oleada de inmigrantes, la mayoría de ellos holandeses. Algunos de estos primeros inmigrantes pasaron a ser dueños de esclavos, agregando inmigrantes involuntarios de origen africano a la población. En el siglo XIX, un número importante de inmigrantes llegó desde Italia, Irlanda y Alemania. Ahora hay alrededor de 294,000 personas en el condado. A orillas del río Hudson se levantan dos ciudades medianas, Poughkeepsie y Beacon. Hacia el este de éstas, una cantidad de pueblitos se desparrama por las ondulaciones de las tierras cultivadas.

En años recientes, inmigrantes de América Central y América del Sur han venido al condado de Dutchess buscando trabajo y una vida mejor para sus familias, fenómeno comparable a lo que sucede en muchas otras partes de los Estados Unidos. Han venido impulsados por la desesperación y la esperanza, huyendo de la pobreza, la cual es el resultado trágico de la historia y de políticas económicas en las cuales los Estados Unidos han jugado un rol significativo. Por ejemplo, México, de donde la mayoría de los inmigrantes proviene, es obligado a pagar los enormes intereses de la deuda externa con los Estados Unidos enfocándose en una producción para la exportación. Como consecuencia, los mexicanos más pobres no ven ningún rédito por su trabajo ya que prácticamente todas las ganancias se van inmediatamente del país. El tratado de NAFTA también ha provocado serias privaciones. Imposibilitados de competir con los negocios agrícolas estadounidenses, tres millones de granjeros han tenido que abandonar la agricultura. Sin posibilidades de mantener a sus familias, es inevitable que mucha gente se dirija hacia las grandes riquezas y obvias oportunidades que se encuentran al otro lado de la frontera.

river with her baby on her head; or Mauricio who was robbed repeatedly by his own countrymen. Even for those who succeed in getting visas, the expense and effort are considerable, requiring financial sacrifice and sometimes heartbreaking choices. Elena and Ramon left their small son behind until they knew they could support him. Maya, a special education teacher who loved her work, had to accept that here she'd be a house-cleaner.

Once here, life is not easy, with the formidable challenges of language, low-paying jobs, and, all too often, discrimination. Most immigrants are further stressed by being far away from their extended families. They live without the helpful presence of parents and relatives, and when family members at home become ill, or die, they are unable to visit.

No one subjects themselves to such difficulty unless for sheer survival. Like most of the other immigrants who have populated this country, new immigrants are driven to make the perilous and painful transition by the hopelessness of life in their home communities. They decide that it's worth the cost in money, physical danger, and emotional upheaval to come to the United States. Their dreams are modest—an opportunity to work, to educate their children, to live in safety, to help those who remain at home.

Half of My Heart is a collection of true stories told by immigrants in Dutchess County, from Mexico, Colombia, Puerto Rico, Peru, Argentina, Ecuador, Belize, Dominican Republic, and Paraguay. All were parents of children at Head Start centers who attended a series of twenty interactive, bi-lingual theatre performances by the ensemble Hudson River Playback Theatre. Audience members told their stories of loss and struggle, gratitude and success, and watched as actors

Para muchos el peregrinaje es extremadamente peligroso y a menudo traumático, como lo fue para Alejandra, que soportó un viaje terrorífico amontonada en la cajuela de un carro junto a tres extraños, o para Gabriela, que vadeó el río con su bebé sobre la cabeza, o Mauricio, a quien sus propios compatriotas robaron repetidas veces. Incluso para quienes logran obtener un visado, el costo y los esfuerzos son considerables, requiriendo sacrificios financieros y a veces elecciones desgarradoras. Elena y Ramon dejaron atrás a su hijito hasta que se aseguraron de que podrían mantenerlo. Maya, una maestra de educación especial, que amaba su trabajo en su país, aquí tuvo que resignarse a ser empleada de limpieza.

Una vez aquí, la vida no es fácil, con el desafío inmenso que significa el idioma, los trabajos mal pagados, y muy a menudo la discriminación. La mayoría de los inmigrantes tienen además la carga estresante de estar lejos de sus familias. Viven sin la ayuda de la presencia de sus padres y parientes. Y cuando algún miembro de la familia se enferma o muere, no pueden ir a visitarlo.

Nadie se somete a tan tremendas dificultades a no ser por pura supervivencia. Como casi todos los otros inmigrantes que han poblado este país, los nuevos inmigrantes son impulsados a sobrellevar la riesgosa y dolorosa transición a causa de la desesperanza en sus comunidades de origen. Deciden que vale la pena venir a los Estados Unidos pese al costo en dinero, peligro físico y conmoción emocional. Sus sueños son modestos: una oportunidad de trabajo, poder educar a sus hijos, vivir de manera segura, y poder ayudar a aquellos que permanecen en su tierra natal.

La Mitad de Mi Corazón es una colección de historias verídicas contadas por inmigrantes del condado de Dutchess, por gente venida de México, Colombia, Puerto Rico, Perú, Argentina, Ecuador, Belice, la República Dominicana, y Paraguay. Todos son padres de niños que participaron en una serie de veinte funciones teatrales, interactivas y bilingües, realizados por la compañía

and musicians transformed them into theatre on the spot. Tears as well as laughter accompanied the stories, narrating a new chapter in the long, foundational story of immigration to this country.

The purpose of the project was to provide people who are often unheard an opportunity to find a public voice; and to foster respect and connection on the part of non-immigrant audience members who witnessed the stories. The shows took place at seven Head Start centers, in playrooms with child-sized furniture and toys in abundance, or brightly-lit community rooms, or the corner of a school gym sectioned off with a few rows of folding chairs. Staff provided food so that people could eat and chat together before and afterwards. Sometimes there were babies and toddlers on laps, as well as school-age children who'd come along with their parents.

The "stage" was on the same level as the audience, with three chairs on one side—one for the "conductor," or emcee; one for the translator; and one for the volunteer teller who would come to tell her story, returning to her seat in the audience after it was enacted. Tellers told their stories in both Spanish and English. The actors used both languages, as well as music and movement, to bring the stories to life.

Begun in 2004, the series culminated just as a powerful new immigrant rights movement was emerging in response to attempts in Congress to frame immigration as a security issue, seeking to criminalize and deport millions of undocumented immigrants. Now, in a climate of growing strength as well as justified fear, it has become even more urgent for the real stories of immigrants to be heard. This book, in accordance with the wishes of the immigrant parents, has the dual purpose of making their experiences known to

Hudson River Playback Theatre en los centros Head Start. Miembros de la audiencia contaban sus historias de pérdida y lucha, gratitud y éxito, y miraban a los actores y músicos tranformarlas al instante en piezas teatrales. Tanto lágrimas como risas acompañaron a las historias, agregando un nuevo capítulo a la larga trayectoria fundacional de inmigrantes en este país.

El propósito del proyecto fue proveer a personas, que a menudo no son escuchadas, la oportunidad de encontrar una voz pública. Y a su vez promover respeto y conexión por parte de los miembros no inmigrantes de la audiencia que presenciaban las historias. Las funciones se llevaron a cabo en siete centros de Head Start, en salas de juego con muebles para niños y abundancia de juguetes, en ambientes comunitarios bien iluminados, o en el rincón de un gimnasio escolar dividido por unas pocas hileras de sillas plegables. Los empleados proveían comida para que la gente pudiera alimentarse y conversar antes y después de las presentaciones. A veces había bebés y niñitos sentados en los regazos, y criaturas en edad escolar que habían sido traídos por sus padres.

El "escenario" estaba al mismo nivel que la audiencia con tres sillas a un costado, una para el "conductor" o maestro de ceremonias, otra para el traductor y otra para el narrador voluntario, quien venía a contar su historia, regresando a su lugar en la audiencia una vez reactuada la misma. Los narradores contaban sus historias tanto en español como en inglés. Los actores usaron los dos idiomas, al igual que música y movimiento, para dar vida a las historias.

Comenzada en 2004, esta serie culminó justo cuando surgía un poderoso movimiento por los derechos de los inmigrantes como respuesta a los intentos del Congreso de enmarcar a la inmigración como un tema de seguridad, buscando criminalizar y deportar a millones de inmigrantes indocumentados. Ahora, en un clima de creciente fortaleza al igual que temor justificado, se ha vuelto aún más urgente que las verdaderas historias

more people, and also of giving participants a written record of what they have lived through, to share with their children and with family members in their home countries. Each performance was audio-recorded and transcribed. A photographer came to three of the shows and also visited two families to take photos at their homes.

We, the members of Hudson River Playback Theatre, felt honored and moved to be the vehicle for these remarkable stories. We ourselves learned a great deal about the growing immigrant community, and we saw with clarity the contribution that these newcomers are making to American life. As well as the vital role they play in the economy, they bring a whole-hearted commitment to family, education, community, and work—deeply-held American ideals which tend to be eclipsed by the pace and preoccupations of modern life. The presence of so many new residents who embody these values offers the rest of us, perhaps, a chance to remember and recapture what we claim to treasure.

We wish to thank all those who told and listened; the Astor Head Start staff, who created the respectful, caring atmosphere in which this kind of honest storytelling could take place; Adriana Piedrahita, a Head Start parent who assisted with the book; Leslie Gauna, our Spanish-language editor and translator; Maria Crowell, our performance translator; Elissa Davidson, our photographer; and the Dyson Foundation, whose generous funding made the Immigrant Stories project possible.

Jo Salas
Artistic Director
Hudson River Playback Theatre

de los inmigrantes sean escuchadas. Este libro, de acuerdo con los deseos de los padres inmigrantes, tiene el doble propósito de hacer que mayor cantidad de gente conozca sus experiencias, y también de brindar a los participantes una documentación escrita de lo que han vivido, para ser compartida con sus hijos y familias que quedaron en sus países de origen. Cada función fue grabada y transcripta. Un fotógrafo vino a tres de los espectáculos y visitó a dos familias para sacar fotos en sus hogares.

Nosotros, los miembros de Hudson River Playback Theatre, nos sentimos honrados y conmovidos de ser vehículo de estas historias extraordinarias. Aprendimos mucho acerca de la creciente comunidad de inmigrantes y vimos con claridad las contribuciones que estos recién llegados hacen a la vida americana. Además del rol vital que desempeñan en la economía, traen un verdadero compromiso hacia la familia, la educación, la comunidad y el trabajo, ideales americanos profundamente enraizados, que tienden a eclipsarse debido al ritmo y las preocupaciones de la vida moderna. La presencia de tantos nuevos residentes que encarnan estos valores nos ofrece, tal vez, una oportunidad para evocar y recobrar lo que reclamamos atesorar.

Deseamos agradecer a todos aquellos que contaron y escucharon; al personal de Astor Head Start, quienes crearon una atmósfera de respeto y cariño en la cual este tipo de historias honestas puede surgir; Adriana Piedrahita, una madre de Head Start que ayudó con este libro; a Leslie Gauna, editora y traductora de la versión en español; a Maria Crowell, intérprete durante los espectáculos; a Elissa Davidson, fotógrafa; y a la fundación Dyson, que con su generosa donación hizo que el proyecto de Historias de Inmigrantes haya sido posible.

Jo Salas
Directora Artística
Hudson River Playback Theatre

Foreword

Collaborating in this project has touched my personal life because I find myself far from my parents, my family, my best friends and my "other half," my daughter Natalia, who is in my country. One has many things here, but one lacks many other important ones. I have half of my heart here and the other part is far from me.

When I participated as a member of the audience for the first time it was very moving because you realize that you are not the only person going through this situation and you hear other people, all with different stories. But at the end we all arrived at the same conclusion: half of our life is here and the other half is over there in our country.

I had the pleasure of working closely with the project, writing the Spanish transcriptions, listening to all the Spanish community whose participation told us about its own stories, beginning with the journey, and then how it has been to live here. When I listened to all the stories one after another, I cried a lot and I felt sad. These are things that I would have never imagined could happen, but the truth is that these are things that happen every day. These stories touch soul and heart and they give me a lot of strength and courage to keep going forward and fulfill all my goals.

I wish with all my heart that this book could reach lots of immigrant and non-immigrant people, here in the U.S.A., in Central and South America, in Europe and all over the world. In every place there are stories to be told, and maybe readers will identify with one of the stories found in here.

When you read this book, you will have in your hands a big treasure for your life and your heart. For the ones just beginning, do not lose heart and keep on fighting and being persistent. And for those who believe that

Prefacio

Colaborar en este proyecto toca mucho mi vida personal, porque me encuentro lejos de mis padres, mi familia, mis mejores amigos y "la mitad de mi vida," mi hija Natalia quien está en mi país. Se tienen muchas cosas aquí, pero te faltan otras muy importantes. Tengo medio corazón aquí y la otra parte está lejos de mí.

Cuando participé por primera vez como miembro del show fué muy emocionante porque te das cuenta que no eres la única persona que está pasando por esta situación y escuchas a otros, todos tienen diferentes historias, pero al final llegamos a la misma conclusión: "media vida está aquí y la otra allá en nuestro país".

Tuve la satisfacción de estar más cerca de este trabajo haciendo las transcripciones en español, escuchar a toda la comunidad hispana que brindó su participación contando su propia historia empezando por el viaje y luego como ha sido vivir aquí. Cuando escuchaba una a una las historias lloraba mucho y me sentía triste. Son cosas que yo nunca me imaginé que pasaran, pero la verdad es algo de la vida diaria. Estas historias te tocan el alma y el corazón, y me dan mucha fuerza y valor para seguir adelante y cumplir todos mis propósitos.

Deseo de todo corazón que este libro llegue a muchas personas inmigrantes o no inmigrantes, aquí en los EE.UU., en Sur América, en Centro América, en Europa, en todo el mundo; porque en cualquier lugar siempre habrá alguien con una historia para contar o quizás se podrán identificar con una de las que van a encontrar aquí.

Cuando lean este libro, tendrán en sus manos un gran tesoro para su vida y su corazón. Para los que están empezando, no desfallezcan sigan luchando y siendo persistentes, y para los que creen que ya lo han logrado todo, no se olviden que siempre habrá alguien que necesita que le brindes una mano y en lo más simple podrás ayudar. No caigamos en el materialismo, las

they have achieved it all, do not forget that there will always be somebody in need of a hand and you can help in the simplest way. Let's not fall into materialism. Material things with time get ruined, deteriorate and end up in the trash. The goodwill and love that you give to others will be for life.

Thank you, Jo, for the trust you have entitled me with, and for inviting me to participate in this wonderful project.

—Adriana Piedrahita

cosas con el tiempo se dañan, se deterioran y terminan en la basura. La buena voluntad y el amor que brindes a otros serán para toda la vida.

Gracias Jo por la confianza que me ha brindado y por hacerme participe de este maravilloso proyecto.

—*Adriana Piedrahita*

Immigrant Voices
Voces de Inmigrantes

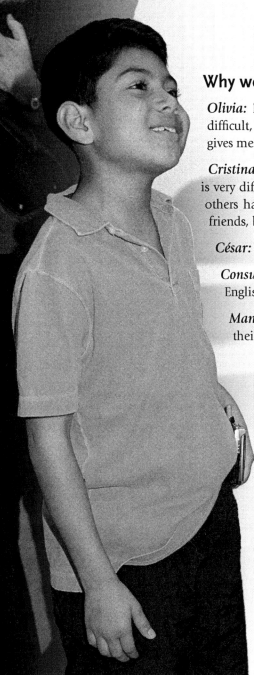

Why we came

Olivia: I came here to help my family in Mexico. In my country it was very difficult, no work, nothing we could do. I came here 18 years ago. This country gives me a lot and I appreciate it.

Cristina: For me it's going very well here, because the situation in Mexico is very difficult and the situation in the US is better for me and my family. As others have mentioned, one suffers emotionally. You miss your family and friends, but in other ways it's better.

César: To do something in our country, to help family that is still there.

Consuelo: I was very curious to come to this country and I wanted to learn English. In Mexico the schools are very expensive.

Manuela: My children are four and ten years old. I want them to finish their education.

Por qué vinimos

Olivia: Vine aquí para ayudar a mi familia en México. En mi país estaba muy difícil, sin trabajo no había nada que pudiéramos hacer. Vine hace 18 años. Este país me ha dado mucho y lo valoro.

Cristina: Para mí esto está siendo muy bueno, porque la situación en México es muy difícil, en cambio la situación en EE.UU. es mejor para mí y mi familia. Pero como ya han mencionado, uno sufre sentimentalmente, se extraña la familia y las amistades, pero en otro sentido ha sido mejor.

César: Para hacer algo en nuestro país, ayudar a la familia que se queda allá.

Consuelo: Tenía curiosidad por venir a este país y quería aprender inglés. En México las escuelas son muy caras.

Manuela: Mis hijos tienen cuatro y diez años. Deseo que mis hijos terminen de estudiar.

Living in a new country

Dora: In the beginning it's very difficult but then we start to get used to being here. We see all the different cultures and we learn a lot.

Silvia: I came here seven years ago from Argentina. I remember a lot of things. My friends. When I was young we used to go dancing—you could come back at four or five in the morning, walking through the streets, and nobody would bother you. It was a very safe place. When I came here it was too quiet! People go to work, and they come back home. You don't go out, sit down in a place, have a coffee. It's so different. There you can have a cup of coffee in the bars. They stay open late. I miss all that sometimes. But not all the time. I'm not going back there. This is my place now.

If you come to my house, it's a 100% Argentinean house, and that is the way it is going to be for the rest of my life. When we first come here we are surprised how different everything is. But we adapt.

I am a very lucky person because I have the opportunity to choose and I choose to live here. I appreciate equally everything that's good here as well as everything that's good there.

Fidela: It's sometimes very difficult here because in this place there's no way to get around easily. There's no way to go out and buy food.

Karina: Many people don't understand why we come here. I saw in a magazine where people said "If they want to come here, why don't they come legally?" They don't understand how hard it is, how much money it takes. I feel frustrated and I wish I could help them understand.

Jorge: We try so hard to be included in American society and culture.

Teresa: There are ten people in my family. We came here when I was four. In Puerto Rico we were very poor. We had an outhouse, not a bathroom. When we came here I thought I was supposed to go to the bathroom in the sink. My brother stopped me just in time!

Viviendo en un país nuevo

Dora: Al principio es muy difícil pero después uno comienza a acostumbrarse a estar aquí. Vemos todas las diferentes culturas y aprendemos mucho.

Silvia: Vine aquí hace siete años desde Argentina. Recuerdo muchas cosas, mis amigos. Cuando era joven nos íbamos a bailar, uno podía volver a las cuatro o cinco de la mañana, caminando por las calles y nadie te molestaba. Era un lugar muy seguro. Cuando llegué aquí había ¡demasiado silencio! La gente va al trabajo y de allí a su hogar. No salís afuera, ni te sentás en algún lugar y tomás un café. Es muy distinto. Allá te podés tomar un café en un bar porque están abiertos hasta tarde. Extraño todo eso a veces. Pero no todo el tiempo. No volvería allí. Ahora, éste es mi lugar.

Si venís a mi casa, es una casa cien por ciento argentina, y ésa es la manera que seguirá siendo por el resto de mi vida. Cuando venimos aquí uno se sorprende de lo diferentes que son las cosas. Pero nos adaptamos.

Yo soy una persona afortunada porque tengo la oportunidad de elegir y elijo vivir aquí. Valoro igualmente todo lo que hay de bueno aquí como todo lo que hay de bueno allá.

Fidela: A veces se hace difícil porque en este lugar no hay cómo trasladarse fácilmente. No hay forma de salir a comprar los alimentos.

Karina: Mucha gente no entiende por qué venimos aquí. Vi una revista donde la gente decía "¿Si quieren venir aquí, por qué no vienen legalmente?" No entienden cuán difícil es, cuánto dinero se necesita. Me siento frustrada y me gustaría poder ayudarlos a entender.

Jorge: Nos esforzamos mucho por ser incluídos en la sociedad y cultura americana.

Teresa: Nosotros somos diez en mi familia. Llegamos a este país cuando yo tenía cuatro años. En Puerto Rico éramos muy pobres, teníamos una letrina, ¡no un baño! Cuando llegamos aquí pensé que se esperaba que yo fuera al baño en el lavabo. Mi hermano me detuvo ¡justo a tiempo!

Remembering where we came from

Julia: We've been here for a long time—13 years. We haven't been back. What I miss most is the food—our spicy, tasty food.

Beatriz: I miss the weather! Winter's terrible here.

Tomás: I miss the special holidays that we have in Mexico. September 15th is Independence Day. The president of the Republic or the municipal president steps out on the balcony and calls out three times "Viva Mexico!" All the crowd calls out "Viva Mexico!" and we all celebrate. It's a feeling of joy and power.

Angela: I come from Ecuador. I've been here for many years. I miss the Andes Mountains. And I miss the music.

Elena: People here are less sociable. Yes, we do have friends here, but in Mexico, in our world, people are more sociable. For example, when there's a gathering, the people are there to support each other. Like for a child's birthday party, everyone's invited, compared to here, where it's very selective.

Diego: I remember the food and I miss it. Here the food is too bland.

Julio (child teller): I sang baby songs with my brother when I was in Mexico.

Dora: I miss my family, the weather, the food, the lifestyle, but mostly my family. I've been here seven years.

Marcos: I remember that it was fun where I lived. We ran around with no shoes. Carefree and barefoot. I was a teenager when I came here from Belize. We didn't have a lot, but we had fun.

Delfina: We used to have a lot of freedom playing as a child. We always had aunts, grandparents, family friends to watch over us wherever we were. But kids here, like my kids for example, don't have that kind of freedom and safety. They are stuck in little parks or playgrounds. Or they just watch TV all day long, instead of playing in the streets with other kids. I wish that kids here could have that kind of freedom and companionship.

Recordando de dónde venimos

Julia: Hemos estado aquí mucho tiempo—13 años. No hemos regresado. Lo que más extraño es la comida, nuestra comida picosa y sabrosa.

Beatriz: ¡Extraño el clima! El invierno aquí es terrible.

Tomás: Extraño los días festivos que tenemos en México. El 15 de Septiembre es el grito de la Independencia, el Presidente de la República o ya sea el Presidente Municipal sale al balcón y grita tres veces: "Viva México". Todos los mexicanos gritamos: "Viva México" y todos celebramos. Es un sentimiento de alegría y poder.

Angela: Yo vengo de Ecuador. He estado aquí muchos años. Lo que extraño son las montañas de los Andes. Extraño la música.

Elena: La gente aquí es menos sociable. Sí, son amigos también aquí, pero en México, en nuestros países, la gente es más sociable. Por ejemplo cuando hay una reunión, la gente está para apoyar a todos, en las fiestas de los niños todos van, en cambio aquí no, ¡son muy selectivos!

Diego: Recuerdo la comida y la extraño. Aquí la comida es desabrida.

Julio (narrador niño): Yo cantaba canciones de cuna con mi hermano cuando estaba en México.

Dora: Extraño mi familia, el clima, la comida, el estilo de vida, pero lo que más extraño es mi familia. He estado aquí siete años.

Marcos: Recuerdo que era divertido donde vivía. Corríamos sin zapatos, descalzos y libres de preocupaciones. Yo era un adolescente cuando vine aquí desde Belize. No teníamos mucho pero nos divertíamos.

Delfina: Teníamos mucha libertad para jugar cuando éramos niños. Siempre teníamos alguna tía, abuelos, o amigos de la familia que nos cuidara donde estuviéramos. En cambio los niños aquí, como mis hijos por ejemplo, no tienen ese tipo de libertad y seguridad. Están encerrados en pequeños parques o campos de recreo. O sólo miran televisión todo el día en vez de jugar en la calle con otros niños. Desearía que los niños aquí tuvieran ese tipo de libertad y compañerismo.

Speaking a new language

Fidela: When we get here the first problem is the language. Most of the jobs require that you speak English. Another thing is when you go to your children's school and you don't know how to talk to the teachers, And there's no way to go out and buy food, because there's no way to get around easily.

Consuelo: The language was very difficult. I knew a little but not enough. I felt powerless inside.

Micaela: It is hard to be able to explain to the doctor when someone in the family is sick.

Jacinta: When I go to look for a job, filling in an application is difficult.

Isabel: Language is a problem going to the doctor's office , or talking to our son's doctor.

Rita: Schools—there's no one to translate into Spanish.

Jorge: The most difficult thing is language. When you are trying to get a job, or when you are working, there are people—not all—who talk down to you, who point their finger at you, who discriminate against you. They give us dirty looks because we don't speak English.

Claudia: And when you're working and you know that you're doing a good job you want to defend yourself against someone who is saying you did something wrong, but you cannot.

Inez: I was born in the Dominican Republic and I grew up in Puerto Rico. Here, although there are opportunities, there is also discrimination. So for the most part I haven't been able to take advantage of the opportunities. It annoys me. I learned the language, I've done everything I can, but still I'm being denied opportunities.

Gustavo: For everyone the language is difficult when we come here: to be able to communicate. There are people who visit Mexico and they don't understand Spanish. It's difficult for them too, and they need translators.

Yolanda: The way people look at me...I want to say "I'm a person equal to you."

Fernando: When I first came some friends asked me to play football. I said yes, thinking it was going to be soccer. Then they brought out this kind of ball that I'd never seen before. You have to be so careful because often even things that you think you understand turn out to be different.

Bernicia: It would have been a lot easier if I'd come here as a visitor. Then maybe I would have found a translator, like the tourists in my country who find translators.

Hablando otro idioma

Fidela: Cuando uno llega, el principal problema es el idioma, en muchos de los trabajos se requiere que se hable inglés. Otra cosa es cuando uno viene a la escuela de los niños y no sabe cómo comunicarse con los maestros. También, no hay forma de salir a comprar los alimentos, en especial en este lugar, porque no hay como transportarse fácilmente.

Consuelo: El idioma fue difícil. Yo sabía un poquito pero no lo suficiente. En mi interior me sentía impotente de no saber el idioma.

Micaela: Es difícil poder explicarle al doctor cuando alquien en la familia se siente enfermo.

Jacinta: Cuando voy a buscar un trabajo, se hace difícil llenar la solicitud.

Isabel: El idioma es un problema, ir al doctor o hablar con el médico de nuestro niño.

Rita: En las escuelas, no hay nadie que traduzca al español.

Jorge: Lo más difícil, lo más duro es el idioma. Cuando uno está buscando trabajo o está trabajando, hay personas, ¡no todas!, que te señalan, te apuntan con el dedo, te discriminan, te miran mal porque no hablamos inglés.

Claudia: Cuando uno está trabajando y uno sabe que está haciendo un buen trabajo, quiere defenderse ante quien nos dice que estamos haciendo algo equivocado, pero uno no puede.

Inez: Yo nací en República Dominicana y crecí en Puerto Rico. Aquí aunque hay oportunidades también hay discriminación. Por lo tanto no he podido aprovechar las oportunidades. Eso me irrita. Yo aprendí el idioma. Hice todo lo que pude, pero aún se me han negado oportunidades.

Gustavo: Para todos el idioma es lo difícil cuando nos venimos acá, para poder comunicarnos. Hay personas que van a pasear a México y no entienden español. Se les hace difícil también a ellos allí y necesitan traductores.

Yolanda: La manera en que la gente me mira...Me gustaría decirles: "¡Soy una persona al igual que tú!"

Fernando: Cuando recién llegué unos amigos me invitaron a jugar al fútbol. Yo les contesté que sí, pensando que íbamos a jugar a fútbol soccer. Entonces trajeron este tipo de balón que yo nunca antes había visto. Uno tiene que andar con cuidado porque a menudo aún cosas que uno se cree que comprende resultan ser otra cosa muy diferente.

Bernicia: Hubiera sido más fácil si hubiera venido como un visitante. Entonces sí tal vez hubiera encontrado un traductor, como los turistas en mi país, ellos encuentran traductores.

Work

Marina: We talk about all the bad things, but it's the price we have to pay for being in this beautiful country. In my country there's nothing good. I needed to leave. I have had to learn the language, I have to work hard, in order to be here. There's always discrimination, there are always problems, but it's worth it. Vale la pena. I'm thankful.

Calista: Here we have to work and work to pay for rent, pay for food and other things for our children. My husband works all the time. He's a carpenter, and he works by himself. I'm home with the children. There are five of us, and we have to pay a high rent. We can't manage in just one room any more. If he doesn't work so hard we don't eat.

Esteban: In Mexico I never ever had to cook. I had nothing to do with food preparation. Men work outside and we come inside to eat. Men never even go into the kitchen. But here I work in a restaurant and it's a little funny for me!

Trabajo

Marina: Hablamos de todas las cosas malas, pero es el precio que tenemos que pagar al estar aquí en este hermoso país. En mi país no hay nada bueno. Yo tenía que partir. He tenido que aprender el idioma. He tenido que trabajar duro, para poder estar aquí. Hay siempre discriminación hay siempre problemas, pero vale la pena. ¡Vale la pena! Yo estoy agradecida.

Calista: Tenemos que estar trabajando y trabajando para pagar la renta, la comida, para los niños. Mi esposo tiene que trabajar muy duro. Él es carpintero, y trabaja por su cuenta. Yo estoy en casa con los niños. Somos cinco y tenemos que pagar una renta muy cara. Ya no podemos arreglarnos en un cuarto. Si él no trabajara tan duro no comeríamos.

Esteban: En México nunca jamás tuve que cocinar. Yo no tenía nada que ver con la preparación de la comida. Los hombres trabajan afuera y venimos adentro para comer. Los hombres nunca siquiera pisan la cocina. Pero aquí trabajo en un restaurante y se me hace chistoso!

Far away from family

Mirian: I miss my family. I feel helpless when someone is sick and I can't go back.

Barbara: I miss my family, my parents, I've been here five years. I came from Peru.

Alejandra: Missing family is the hardest. I went back when my father was dying. It was very sad when I got there. I hadn't been able to get there in time to see him. He was a good man, he was always there for us. When I got married in this country, my parents surprised me by coming here. It was the most wonderful gift they could possibly have given. My father was there to walk me down the aisle.

Claudia: Even though I have my husband and my daughter here, my parents and my siblings are all in Colombia. Often I feel lonely.

Conchita: When I came to the United States I had to leave my baby boy Felipe behind. He was one and half years old. I had no money and I had to come here to try and earn money. My sister took care of him. It was four years before I could go back and get him. Meanwhile I had another baby, a little girl. When I went back to get Felipe, it was very hard because by then he thought that my sister was his mother. It was painful for all of us, for her too. Now he is six, and he's here with us, doing well.

Gabriela: It is hard. I haven't seen my family for seven years.

Serafina: I am sad because I don't see my family. Years pass without seeing them. In my case I can go back and visit, but I have children and it's hard, it's a long way. When my father died I couldn't go. My daughter was still a baby and I couldn't travel.

Berta: I wish I could return to my parents.

Caridad: I lived in Mexico. When I first came I told my mother, "I'm going for six months to New York," to work double shifts and continue studying. After a year, my mother said to me, "You said you were going for six months and it's been a year. What's going on? Are you staying there or what?" I believe that what happens to all of us when we come to this country is we borrow money to pay the coyote and then you spend time working to pay back the money.

My mother is very important in my life—she gave me life. It was very hard for me to leave her.

Lejos de la familia

Mirian: Extraño a mi familia. Me siento impotente cuando alguien está enfermo y no puedo regresar.

Barbara: Extraño a mi familia, mis padres. He estado aquí cinco años. He venido del Perú.

Alejandra: Extrañar a la familia es lo más difícil. Yo regresé cuando mi padre falleció. Fue muy triste cuando llegué allí. No había podido llegar a tiempo para verlo. Él era un buen hombre, siempre había estado presente en nuestra vida. Cuando me casé en este país, mis padres me dieron una sorpresa viniendo aquí. Fue el regalo más maravilloso que hubieran podido darme. Mi padre se hizo presente y fue quien me llevó del brazo hasta el altar.

Claudia: A pesar de que mi esposo y mi hija están aquí, mis padres y mis hermanos están todos en Colombia. Muchas veces me siento sola.

Conchita: Cuando vine a los Estados Unidos tuve que dejar atrás a mi bebito Felipe. Él tenía un año y medio. Yo no tenía dinero y tuve que venirme aquí para probar y ganar dinero. Mi hermana lo cuidaba. Pasaron cuatro años antes de que yo pudiera volver a buscarlo. Mientras tanto tuve otro bebé, una niña. Cuando regresé para traerlo a Felipe fue muy difícil porque para entonces él pensaba que mi hermana era su madre. Fue muy doloroso para todos nosotros, también para mi hermana. Ahora tiene seis años, y está aquí junto a nosotros y está bien.

Gabriela: Es difícil. No he visto a mi familia en siete años.

Serafina: Estoy triste porque no veo a mi familia. Los años pasan sin poder verlos. En mi caso puedo regresar y visitarlos, pero tengo niños, se hace difícil y es muy lejos. Cuando mi padre murió no pude ir. Mi niña era aún bebita y no podía viajar.

Berta: Desearía poder regresar con mis padres.

Caridad: Yo vivía en México. Cuando me vine a este país le dije a mi mamá: "me voy por seis meses a New York", a trabajar doble turno y seguir estudiando. Después de un año mi madre me dijo: "tú dijiste que ibas por seis meses y llevas un año allá. ¿Qué pasa, te vas a quedar o qué?" Yo creo que lo que a todos nos pasa, cuando uno viene a este país, es que nos prestan dinero para pagarle al Coyote y entonces una se pasa el tiempo trabajando para pagar este dinero. Mi madre es muy importante en mi vida, ¡me dió la vida! Fue muy difícil dejarla.

Our hopes for the future

Marta: I want my son to study well and have a good education.

Catalina: My hope is to be able to return to Mexico. I've adapted well here, but I have two babies and I want to go back and see my family.

Marcela: I wish that one day the government would give us the opportunity to get the papers to be here legally and not be here like this. We've been here 13 years. I had the chance to go home two years ago but my husband still hasn't gone. There are people in my family at home who are sick. I would like to have my papers so I could visit my family.

Pía (teenager, after her mother Julia's story about her brother in college, p63): I hope to go to a good college.

Karina: I'm getting my GED now. In Mexico I couldn't finish my studies the way I'm doing now, Sometimes I don't want to go, but I think of my daughter and I think if I do it, then she will. So I'm doing it for her as well as for me.

Raquel: I think a lot of people were afraid to go to the immigrants' rights demonstrations because of what might happen to them. But if we all go and we're all there, together we can fight for change. I went, and I felt good to be there.

Ester: It was very emotional for me to be at the march. Even though there weren't that many demonstrations in this area it was very good to go there to show that even though we're illegal we do have some rights, and together some day we can accomplish something.

Yolanda: Open the borders!

Nuestra esperanza en el futuro

Marta: Quiero que mi hijo estudie bien y tenga una buena educación.

Catalina: Mi esperanza es poder volver a México. Me he adaptado bien aquí. Pero tengo dos bebés y me gustaría regresar y poder ver mi familia.

Marcela: Yo deseo que algún día el gobierno nos dé la oportunidad de arreglar papeles para estar legal y no estar así. Llevamos trece años aquí. Yo tuve la oportunidad de ir hace 2 años pero mi esposo aún no ha ido. Tenemos familiares enfermos que nos gustaría ver. Yo quisiera los papeles para poder visitar a mi familia.

Pía (adolescente, después que su madre Julia contó una historia sobre su hermano en la Universidad, p64) Espero poder ir a una buena universidad.

Karina: Ahora ya estoy sacando mi GED. En México no pude terminar con mis estudios así que lo estoy haciendo ahora. A veces no quiero ir, pero pienso en mi hija y me digo que si yo lo hago, entonces ella también lo hará. Así que estoy haciéndolo tanto por ella como por mí.

Raquel: Yo pienso que mucha gente tiene temor de ir a las manifestaciones para los derechos de inmigrantes por lo que podría pasarles. Pero si todos vamos y estamos todos allí, juntos podemos lograr un cambio. Yo fui y me sentí bien de estar allí.

Ester: Es muy emocionante para mí estar allí. A pesar de que no eran muchas las demostraciones en esta área, fue bueno ir allí, mostrar que a pesar de que somos ilegales tenemos algunos derechos y juntos tal vez podemos lograr algo.

Yolanda: Abran las fronteras!

Stories
Historias

In each performance, brief comments from audience members were followed by longer stories told by volunteers who came to the "teller's chair" onstage.

En cada presentación, comentarios breves de gente de la audiencia fueron seguidos por historias más largas contadas por voluntarios que llegaron a sentarse en la silla del narrador en el escenario.

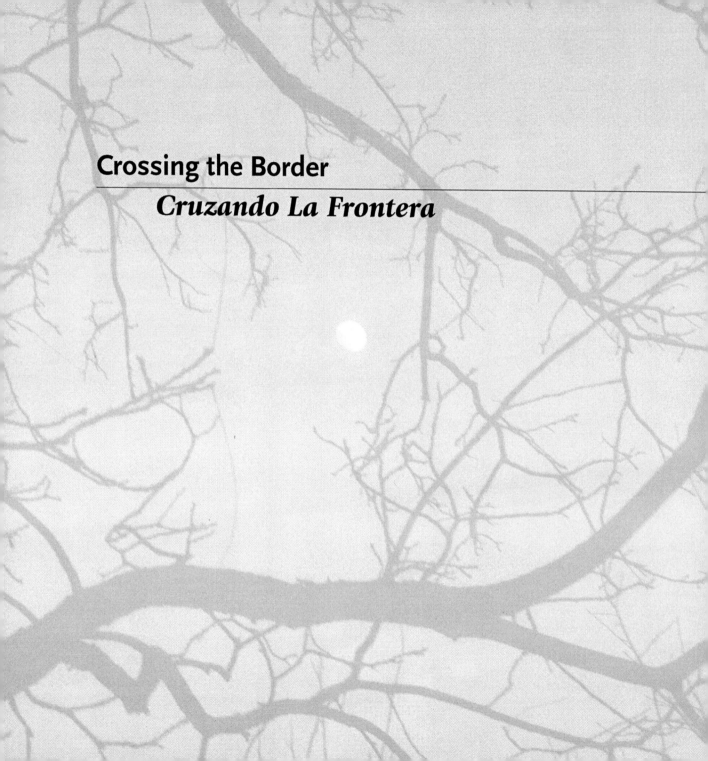

Crossing the Border

Cruzando La Frontera

Renata's story: Never giving up

Renata spoke fluently in English, laughing at times, crying at others. She's been in the United States for a long time and now runs a successful business.

I can try to tell my story, but I might get a little emotional. I've been here more than 20 years. My story starts when I take the bus to leave my home in Mexico. I was 19 years old. Earlier I had moved to Mexico City for three years to work and when I came home to my village, the girls and boys my age were all married. So there were no more friends for me. I decided I did not want to get married when I was that young. I asked my father to give me one more chance to try something else. My dream back then was to work in the United States, make money, and then come back and make a big business. My parents supported me in coming. I worked here and sent the money home, but they couldn't save the money, so then I couldn't come back as I'd planned.

I came illegally across the Rio Bravo. I had to sneak in. At first I thought it was going to be fun, but then when I saw the reality of it I was a little scared although I was with my older brother Luis. You have to swim and I didn't know how to swim. My brother helped me, that's how I did it. That was the scariest part of crossing the border. But once I was on this side of the border, I was not afraid, I was not scared. I was like, it's done, I'm in! I thought that was the end of coming to this country. But in fact there are a lot more places where you still have to go through Immigration. But I didn't know so I just felt happy!

Then I got to the house where I was going to stay in Houston, Texas. It was much harder for me there. I didn't have work. And I said to myself, this is not for me, I'm going to go back home. My brother wasn't there. Other people were living there, from another country. I started packing my clothes, I was going to go back home. And then I just remembered how important it was for me to stay here, because back home there were so many people who have nothing to eat, very poor people. And then, I didn't want to go back home. I said to myself, I'm not going to give up, I'm going to be very strong, and go on with my life. This is what I learned from my father and my mother, not to ever give up. We were really hard workers. We knew that you have to work hard and not give up.

There was one girl who was going to go back to Colombia, and she had a job house-cleaning, and she says, do you want to have my job, so I said yes. I was happy that I was going to start working, but then I didn't have any transportation to get to the job. But I found out you could take the bus. So I learned how to take the bus back and forth. On the bus one day someone told me about another job office cleaning, so I had two jobs, house cleaning in the morning and office cleaning in the evening. I worked very hard but I was happy, I didn't mind working hard. And then I met the man who became my husband, and we were going out and got married. And something new began. We stayed there for a while and then we came to New York.

I want to say that everything that happened to me back then was worth it. I'm happily married, I have my three kids, and I'm happy. At first I wanted to work in a nursing home. I went to school to become a certified nursing assistant and then I worked in a nursing home for eleven years. About six years ago I started my business. I have three teenage children. I hope they're learning from me what I learned from my parents, but so far they don't understand what hard work is! They know my story. My elder son said being a girl, and being so young, how did I make it?

Historia de Renata: Nunca rendirse

Renata habló en un inglés fluído, a veces riéndose, otras veces llorando. Ella ha estado en los Estados Unidos por un largo tiempo y ahora es dueña de un negocio próspero.

Puedo intentar contar mi historia, aunque tal vez me emocione un poco. He estado aquí hace más de 20 años. Mi historia comienza cuando tomé el autobús dejando mi hogar en México. Tenía 19 años. Anteriormente me había mudado a la ciudad de México durante tres años para trabajar y cuando regresé a mi casa en mi pueblo todas las muchachas y muchachos de mi edad estaban casados. Entonces me había quedado sin amigos. Decidí que no quería casarme siendo tan joven. Le pedí a mi padre que me diera otra oportunidad de intentar otra cosa. Mi sueño en esos tiempos era trabajar en los Estados Unidos, juntar dinero, y luego regresar para instalar un gran negocio. Mis padres me apoyaron en mi venida. Yo trabajé aquí y enviaba el dinero a mi casa, pero ellos no podían ahorrar el dinero así que no pude regresar a mi casa como lo había planeado.

Vine ilegal cruzando el Río Bravo. Tuve que esconderme. Al principio me pareció que sería divertido, pero luego cuando lo ví en su realidad tuve un poco de miedo, aunque estaba con mi hermano mayor Luis. Teníamos que nadar y yo no sabía cómo nadar. Mi hermano me ayudó. Así fue cómo lo logramos. Esa fue la parte más temida del cruce de la frontera. Pero una vez que estuve del otro lado de la frontera ya no tuve miedo. ¡Listo! ¡Lo logré! ¡Ya estoy adentro! Pensé que eso era todo y ya había finalizado el cruce a este país. El hecho es que hay muchos otros lugares donde uno tiene que vérselas con inmigración. Pero yo no lo sabía y estaba ¡tan feliz!

Entonces llegué a la casa donde iba a quedarme en Houston, Texas. Fue más difícil para mí allí. No tenía trabajo. Y me dije, esto no es para mí. Regreso a mi casa. Mi hermano no estaba allí. Otras personas de otro país vivían allí. Comencé a empacar mi ropa, me iba a regresar a mi casa. Y entonces sólo recordé cuán importante era para mí permanecer aquí, porque en mi pueblo había tanta gente que no tenía qué comer, tanta gente pobre. Y entonces no quise regresar a mi hogar. Me dije a mí misma, no voy a rendirme. Seré fuerte, y seguiré adelante con mi vida. Esto es algo que había aprendido de mi padre y mi madre: nunca rendirse. Éramos realmente gente trabajadora. Sabíamos que teníamos que trabajar muy duro y no rendirnos.

Había una muchacha que se estaba regresando a Colombia, tenía un trabajo limpiando casas. Me dijo si quería quedarme con su trabajo y entonces yo le dije que sí. Estaba feliz de que iba a comenzar a trabajar, pero no tenía cómo movilizarme para llegar hasta el trabajo. Entonces descubrí que podía tomarme el autobús. Así que aprendí cómo tomar el autobús de ida y de vuelta. Fue en el autobús que un día alguien me dijo de un trabajo limpiando oficinas, así que tuve dos trabajos, uno limpiando casas en la mañana y el otro limpiando oficinas en la noche. Trabajaba muy duro pero estaba feliz. No me importaba trabajar duro. Después conocí al hombre que sería mi esposo, y comenzamos a salir y nos casamos. Algo nuevo comenzó. Nos quedamos allí por un tiempo y luego vinimos para New York.

Quiero decir que todo lo que me sucedió en esa época valió la pena. Estoy felizmente casada, tengo tres niños, y soy feliz. Al principio quería trabajar en un hogar de ancianos. Fui a la escuela para certificarme como asistente en hogares de ancianos y luego trabajé en un hogar de ancianos durante once años. Alrededor de seis años atrás comencé mi propio negocio. Tengo tres niños adolescentes. Espero que estén aprendiendo de mí lo que yo aprendí de mis padres, pero hasta hoy no entienden lo que es el trabajo sacrificado. Conocen mi historia. Mi hijo más grande me dice: "habiendo sido una muchacha y tan joven, ¿cómo lo lograste, mamá?"

Gabriela's story: I will go where I am wanted

Gabriela was a spirited, expressive young woman, ready to laugh or cry.

I have many stories. I'll start when I got pregnant, seven years ago. I was 18 years old, living in Mexico. My mother didn't like my boyfriend because he was 14 years older than me and he drank a lot . My mother told me she wanted me to leave the house. Juan, my husband, was here in the US. It wasn't possible for him to come to Mexico so I left home. I called my husband and said, "What do I do? I'm pregnant." He said, "Wait for me, I'm coming back." My mother kept saying that I had to give away the baby when it was born. I said no, I'd rather go to the United States. Nobody supported me. My father was in the United States so he couldn't help. People said all kinds of things when I walked by.

I had my baby in Mexico and then came here. When I crossed the border I carried my baby on top of my head and the water was very high. Immigration caught me and took me to jail. They were going to take my baby away because I had risked his life by crossing the border.

But I had to come here. My mother didn't want me there. My boyfriend's family didn't want me. Nobody wanted me!

My husband was able to pass my son through Immigration with other papers. I had to come through the desert in the middle of the night. It would have been too difficult to bring my son through the desert. After I came here, I got together with my husband.

For two years after I came here I didn't talk to my mother. But the best of all of this is that today, I'm here with my husband, I'm talking with my mother again, my son has papers, and I'm getting my papers this year.

And now I'm not alone. I have everyone around me. *(She looked around at the audience, laughing.)*

La historia de Gabriela: Yo iré adonde sea querida

Gabriela es una mujer jóven enérgica y expresiva, lista para reír o llorar.

Tengo muchas historias. Comenzaré contando cuando quedé embarazada hace 7 años. Tenía 18 años y vivía en México. Mi mamá no quería a mi novio porque era catorce años mayor que yo y tomaba mucho. Mi mamá me dijo que no quería que yo estuviese en la casa. Juan, mi esposo, estaba aquí en los EE.UU. No había posibilidad de que él fuera a México, entonces me salí de la casa. Yo llamé a mi esposo y le dije: "¿Qué hago? ¡Estoy embarazada!" El me dijo: "Espera por mí, yo voy a regresar."

Mi mamá decía que yo tenía que regalar el bebé cuando naciera. Yo dije: "¡No! Prefiero irme a EE.UU." Yo no tenía a nadie que me apoyara. Mi papá estaba aquí en los Estados Unidos así que no podía ayudarme. Cuando yo pasaba, todos me decían muchas cosas.

Tuve mi bebé en México y luego me vine. Cuando crucé la frontera, llevaba a mi hijo encima de la cabeza y el agua me llegaba muy alto. Después me cogió inmigración y me llevaron a la cárcel. Me iban a quitar el niño porque crucé arriesgando su vida.

Igual tenía que venirme. Mi mamá no me quería allá, la familia de él tampoco, ¡nadie me quería! El pasó a mi hijo con otros documentos. Después yo me vine por el desierto en medio de la noche. Hubiera sido difícil pasar el niño por allí. Cuando yo vine, me reuní con mi esposo.

Por dos años, después de haber venido hacia aquí, no le hablé a mi mamá. Pero lo mejor de todo esto es que hoy estoy con mi esposo, hablo con mi mamá, mi hijo tiene los documentos, y yo voy a tener los papeles este año. Ahora no estoy sola, ¡tengo a todos conmigo! *(Ella miraba al público y se reía.)*

Magdalena's story: Illegal immigration is too dangerous

Magdalena spoke softly but with intensity to make her point.

My name is Magdalena and my country is Peru. About ten years ago, when I was still living there, a group of my friends set off for this country. They were young, and they all had young kids. They all left for this wonderful land to find a new life—we used to it called "Uncle Sam's land."

Their route was through Mexico because they were coming illegally. And something terrible happened. They were in a truck which caught fire. These three

people from Peru died, as well as everyone else in the truck. They were my friends. They had left everything behind, they sold everything, and then they lost everything, including their lives. I was so sad. It was too sad. These were people that I grew up with. It was very painful.

I tell this story so that people won't try to come illegally—it's too dangerous.

La historia de Magdalena: La inmigración ilegal es muy peligrosa

Magdalena habló en tono suave pero firme para dar su punto de vista.

Mi nombre es Magdalena y mi país es Perú. Hace unos diez años, cuando aún vivía allí, un grupo de amigos se embarcó para venir a este país. Eran jóvenes y todos tenían niños pequeños. Todos partieron hacia esta maravillosa tierra para encontrar una nueva vida, en la tierra del Tío Sam, como la llamábamos.

Su ruta era a través de México porque estaban viniendo como ilegales. Algo terrible sucedió. Ellos estaban en una camioneta que se incendió. Éstas tres personas del Perú murieron así como todos los demás adentro de la camioneta. Ellos eran mis amigos. Habían dejado todo atrás, habían vendido todo y luego perdieron todo, incluso sus vidas. Yo estaba muy triste. Fue tan triste. Ellos eran gente con los cuales yo había crecido. Fue muy doloroso.

Cuento esta historia para que la gente no intente venir como ilegal, es muy peligroso.

Lydia's story: A lost brother

After hearing Magdalena's story, Lydia told her own story about the terrible risks of crossing the border, weeping as she remembered.

Seven years ago my brother came here to the United States. He got here, but it took him a month, and we were very concerned about him. His name was Emilio. He's outgoing and wonderful. But when he drank he was different, he could get crazy. He was working here and then he went back to Mexico. He called us when he was almost at the border, on his way back. There was a lot of happiness in his voice. The following day the people waiting for him called to tell us he hadn't shown up. He was lost.

To this day we don't know where he is or if he is dead or alive. He was my real brother, my only real sibling. For me it was very horrible not knowing. We still don't know what happened. I keep thinking that I see him, but it's just people who look like him, the way they walk and their mannerisms.

My mother sent money to try and look for him, but they could never find him. She was still a young person but even so it was too much for her. I myself got very sick when this happened. I was pregnant and I got diabetes. To this day he has never been found, he hasn't appeared.

Everybody thinks that everything is going to be great once you get here—there'll be jobs, there'll be money, but sometimes it costs too much to make this journey.

Lydia's husband raised his hand to comment after seeing this story acted out:

I was touched. I cried. Every story you hear is inside of you. When you leave home, you never know what's going to happen, you don't know if you're going to make it, you don't know if you're going to see someone again. There could be a happy ending. There could be no ending.

La historia de Lydia: el hermano perdido

Después de haber escuchado la historia de Magdalena, lagrimeando mientras recordaba, Lydia contó su propia historia acerca de los tremendos riesgos al cruzar la frontera.

Siete años atrás mi hermano se vino hacia los Estados Unidos. Llegó hasta aquí pero le llevó un mes y estábamos muy preocupados por él. Su nombre era Emilio. Él es muy extrovertido y carismático. Pero cuando se emborrachaba era diferente, se volvía loco. El estuvo trabajando aquí y luego regresó para México. Nos llamó cuando estaba casi en la frontera, ya de regreso. Había mucha felicidad en su voz. Al día siguiente la gente que lo estaba esperando nos llamó para decirnos que no había aparecido, que él estaba perdido.

Hasta el día de hoy no sabemos donde está, si está vivo o muerto. Él era mi verdadero hermano, mi único hermano. Fue muy horrible para mí no saber. Aún no sabemos qué pasó. Sigo pensando que lo

veo, pero es sólo gente que se le parece, o por la manera de caminar y por sus gestos.

Mi madre envió dinero para intentar buscarlo, pero nunca lo han podido encontrar. Ella era aún una persona joven en ese entonces pero así y todo fue mucho para ella. Yo misma me enfermé gravemente cuando esto sucedió. Estaba embarazada y contraje diabetes. Hasta este entonces no ha sido encontrado, no ha aparecido.

Todos piensan que todo será grandioso cuando uno llegue, allí habrá trabajos, habrá dinero pero a veces cuesta demasiado hacer este viaje.

El esposo de Lydia levantó la mano para hacer un comentario después que vió la actuación de la historia.

Me han emocionado, he llorado. Cada una de las historias que tú escuchas están dentro de ti. Cuando dejas tu hogar, tú nunca sabes qué irá a suceder. No sabes si lo lograrás, no sabes si verás otra vez a alguien. Pudiera ser que haya un final feliz. Pudiera ser que no haya final alguno.

Alejandra's story: I was so afraid

Alejandra, a beautiful, serene woman who works with children, brought her own sons to the show. They watched raptly as she told her story.

Seventeen years ago my sister decided to bring me here. She had been here for some years. I was 21. I come from a family of nine brothers and sisters. We lived in Paraguay. It was a very difficult life. Only my father could find work. I couldn't find work. So my sister decided to bring me here so that we could help the rest of the family back in Paraguay. Her name is Clara. I went to the embassy but they refused to give me a visa. So I had to come through Mexico. I was determined to come here because my family needed money so badly. I had to pay a lot to do it this way. I came with another girl and five guys, all from Paraguay. We made it to Tijuana. There was a man who brought us to a hotel. We had to pay him, and then in the night he brought us to the Tijuana border and we had to run to San Diego from there.

Then in San Diego I had to get into the trunk of a car with three men to get to Los Angeles. We were squashed in the trunk, four of us, for an hour. I was so afraid. I still feel it so strongly, all these years later. I was alone with these three strangers. They could have done anything to me, but they didn't. They were respectful. When we got there, we had to turn back because Immigration people were there. Then the next day we had to do it again. Finally we got to the airport in LA, and we were very afraid that something would happen. I thought they would catch me and send me back—after all that danger and all that money. It was so dangerous. Thank God I made it through, and I finally found my sister. I was very happy.

This is a small part of a very big story. The most difficult part was to think that something terrible would happen to me and I'd never see my family again. I knew that so many people have been hurt or killed in their journey to the States. I could have been raped. I was totally vulnerable. I had never been by myself before. I had never been away from my parents.

The whole journey took two days. I was very lucky. For my sister it took a month. My other sister was not so lucky. She was caught and put in jail in Canada. My older sister and I had to get money to help her.

Now I've been here a long time. I have children, and I've told them about this story.

La historia de Alejandra: Tuve tanto miedo

Alejandra, una hermosa y serena mujer quien trabaja con niños, trajo sus propios hijos al espectáculo. Ellos miraban absortos mientras su madre contaba su historia.

Diecisiete años atrás mi hermana decidió traerme aquí. Ella ya había estado aquí por algunos años. Yo tenía 21 años. Venía de una familia de nueve hermanos y hermanas. Vivíamos en Paraguay. Era una vida muy difícil. Sólo mi padre podía encontrar trabajo. Yo no podía conseguir trabajo. Entonces mi hermana decidió traerme aquí para que yo pudiera ayudar al resto de mi familia en Paraguay. Su nombre es Clara. Fui a la embajada pero me negaron el visado. Así que tuve que venir por México. Yo estaba resuelta a venirme aquí porque mi familia necesitaba el dinero desesperantemente. Tuve que pagar mucho para poder venir de esta manera. Vine con otra muchacha y cinco muchachos, todos del Paraguay. Logramos llegar hasta Tijuana. Había un hombre que nos llevó a un hotel. Tuvimos que pagarle, y luego a la noche nos llevó a la frontera con Tijuana y teníamos que correr desde allí hasta San Diego.

Después en San Diego tuve que meterme en la cajuela de un coche junto a otros tres hombres para poder llegar a Los Angeles. Estábamos apretadísimos los cuatro adentro de la cajuela durante una hora. Tuve tanto miedo. Todavía puedo sentir el miedo tan intensamente, después de tantos años. Yo estaba sola con estos tres desconocidos. Me podrían haber hecho cualquier cosa, pero no lo hicieron. Eran muy respetuosos. Cuando al fin llegamos tuvimos que regresar porque la gente de inmigración estaba allí. Al siguiente día tuvimos que hacer todo otra vez. Finalmente llegamos al aeropuerto de Los Angeles y teníamos miedo de que algo sucediera. Yo pensé que me atraparían y me mandarían de regreso, después de todo ese peligro y todo ese dinero. Gracias a Dios que logré cruzar, y finalmente encontré a mi hermana. Estaba muy feliz.

Esto es una pequeña parte de una gran historia. La parte más difícil era pensar que algo terrible hubiera podido sucederme y que yo nunca más hubiera podido ver a mi familia. Yo sabía que mucha gente había sido lastimada o asesinada en su viaje hacia los Estados Unidos. Podría haber sido violada. Yo estaba totalmente vulnerable. Nunca antes había estado sola. Nunca antes me había separado de mis padres.

Todo el viaje me llevó dos días. Tuve mucha suerte. A mi hermana le llevó un mes. Mi otra hermana no tuvo tanta suerte. A ella la capturaron y la pusieron en la cárcel en Canadá. Mi hermana más grande y yo tuvimos que conseguir dinero para ayudarla.

Ahora ya he estado aquí por muchos años. Tengo niños y les he contado acerca de esta historia.

Manuela's story: We come here to work, not to hurt anybody

Manuela was a dignified woman in her late thirties. She told her story in both Spanish and English.

This is about coming here from my country, from Mexico—about crossing the border with my son, Jorge, who was three years old. We came here to look for a different life, as many people have done, because it's so difficult in Mexico. I came because my husband was already here. I waited with my son for three weeks before I could cross the border, in houses where we didn't know anyone. It's difficult because we don't know what's going to happen, if Immigration will catch us at the border, or afterwards, in the United States. If we went to Mexico and we tried to cross the border again, someone could try to steal my son from me. It was very dangerous. Jorge didn't know where we were going. He just knew that we were traveling, But he wasn't scared, because he was with me.

We got to the border and they told us that we were going to cross that same day. There were ten of us in a van. We were all going to cross together. When Jorge saw so many people he did start getting scared. We succeeded in crossing over, thank God. We had to climb over a fence and then crawl, and then run and try to hide. My husband Juan was in Arizona. He hadn't heard from me for 10 days and he had no idea where we were or if we were OK. Finally we found each other and I felt safe. This was seven years ago. But the feeling is still very strong.

I want to tell everyone that we all came here to work, but not to hurt anybody. We came here for a better life for our families.

La historia de Manuela: Venimos aquí a trabajar no a lastimar a nadie

Manuela era una mujer distinguida entrada en sus treinta años. Contó su historia en inglés y en español.

Esto es acerca de la venida aquí desde mi país, México. Es acerca del cruce de la frontera con mi hijo, Jorge, quien tenía tres años. Vinimos aquí para buscarnos una vida diferente, como muchas personas lo han hecho, porque es tan difícil en México. Vine porque mi esposo ya estaba aquí. Esperé tres semanas para poder pasar con mi hijo, en casas que no conocíamos. Es difícil porque no sabemos qué va a pasar, si inmigración nos coge en la frontera y después en EE.UU. Si nos van a regresar a México y queremos volver a pasar, tal vez alguien me puede robar a mi hijo. Era muy peligroso. Jorge no sabía a dónde íbamos, sólo sabía que íbamos a viajar. Él no sentía miedo porque estaba conmigo.

Llegamos a la frontera y nos dijeron que íbamos a pasar ese mismo día,

éramos diez personas, en una camioneta. Ibamos a estar todos juntos para poder pasar. Mi hijo en ese momento comenzó a asustarse, porque vió mucha gente y no sabía qué iba a pasar. Cruzamos la frontera gracias a Dios, teníamos que brincar un muro, caminar agachados, correr un poco y escondernos. Mi esposo, Juan, estaba en Arizona. No había sabido nada de nosotros durante diez días. No tenía idea de dónde estábamos y si estábamos bien. Finalmente nos encontramos, y me sentí segura. Esto sucedió hace siete años. Pero el sentimiento aún es muy intenso.

Quiero decirles a todos que todos venimos aquí, para trabajar, y no para hacerle daño a nadie. Hemos venido aquí por una vida mejor para nuestras familias.

Jennifer's story: I didn't know if I would see my mother again

Manuela's story was followed by a story from Jennifer, a teenager who immigrated with her parents as a child. Her mother was in the audience.

My story is also about coming here. I was four years old. I remember running with my mom and getting picked up by a truck. I remember being separated from my mom because I had to be with my cousins. I was too young to run like the older people. I couldn't run fast enough and they would catch me. So I had to go by myself in a van with my cousins to a lady's house on the other side of the border. She took care of us. I don't know how long it was but it felt like a long time because I didn't know when my mom would come or what was going to happen. I didn't know if I would ever see her again.

I don't know how my mom found me in the end. But she did. And then we went to find my dad.

Jennifer's mother interjects softly: I found your father, and then we went to pick you up. I had been so worried about you.

Jennifer: I see my parents working so hard here in this country. And because they don't have papers they have to take jobs that are really hard. I made a promise to my parents that I'm going to be someone in my life that they can be proud of.

La historia de Jennifer: Yo no supe si iba a ver a mi madre otra vez

La historia de Manuela fue seguida por la historia de Jennifer, una adolescente que inmigró con sus padres cuando era niña. Su madre estaba en la audiencia.

Mi historia es también acerca de la venida aquí. Yo tenía cuatro años. Recuerdo correr junto a mi mamá y ser levantada por una camioneta. Recuerdo que me separaron de mi mamá porque tenía que estar con mis primos. Yo era muy joven para poder correr como la gente grande. Yo no podía correr lo suficientemente rápido y podrían atraparme. Así que tuve que seguir sola en una van con mis primos, hacia la casa de una señora al otro lado de la frontera. Ella nos cuidó. No sé cuánto tiempo pasó pero sentí que era mucho tiempo porque yo no sabía cuándo mi mamá vendría o qué iría a suceder. No sabía si la iba a ver otra vez.

Al fin no sé como mi mamá me encontró. Pero me encontró. Y entonces nos fuimos a encontrar a mi papá.

La madre de Jennifer agrega suavemente: Encontré a tu padre y entonces fuimos a recogerte. Yo había estado tan preocupada por ti.

Jennifer: Yo veo a mis padres que trabajan tan duro. Por no tener papeles tienen que aceptar trabajos que son realmente difíciles. Yo he prometido a mis padres que yo seré alguien de quien ellos podrán estar orgullosos.

Lucía's story: Desperation and hope

Lucía had long dark hair and eyes that have seen a lot. She told her story in English, with occasional translation.

This story starts in Mexico, two months before I turned fifteen years old. I went out with a boy for the first time. I hardly knew what a boyfriend was. I told my mother that I had to go and do some homework, but I was lying—I went with my boyfriend. He invited me to see a movie far away from my home.

On the way back he asked me to prove that my love for him was true. I said no, I don't want to. He said if you don't prove you love me, I won't take you home. And it was a very long way from my home. I was scared. I didn't want to but I had to do it because I had to get home or my mother would beat me. In Mexico almost every mother hits the children. I was very afraid because I didn't want to get hit. He forced me to have sex with him.

Then I felt so miserable afterwards. I felt so different from all my friends in my school. But I couldn't tell my mother. I didn't know what she would do but I knew she would do something bad to me. So I preferred not to say it. I had one brother here in the US and he asked me to come here. And because of what had happened to me I said yes, yes, I want to go with him. By then I was six months pregnant but nobody knew I was pregnant. I didn't even know myself because I was too young, I didn't have TV in Mexico. We lived in a very poor town. There hadn't been any sex education in school. So I was six months pregnant, but I didn't know. My brother paid for someone to bring me here.

When I was waiting in the line to cross the border, I felt so terrible. I was one of three women with all those men, and you see the helicopters above you. We had to run and then cross the river, and pay those men, and if you don't pay those men, they force you to stay. We had to cross over farms with dogs barking and men with guns. I held my breath so I could hear if anyone was behind me. I ran and ran and tried not to breathe so no one would hear me. When at last we finished crossing I was the only woman who made it across. I went for two days without eating and I was so hungry. Looking back, I know it was because I was pregnant. Finally some men came and picked us up. They brought us two hot dogs for each person and a bottle of water, and oh god, this is what I wanted! I ate everything with one bite.

They put us in a place with a lot of other people, no shower, just tortillas to eat, and we waited there, and then my brother called. They gave me clean clothes and put me on an airplane. When I got here a taxi was waiting. It was like a dream. When I finally saw my brother, I felt so happy, I hugged him and he hugged me. I started to explain everything. I almost told him what happened with the boy in Mexico, but I was so afraid. I didn't tell anybody.

For three months I lived with my brother. He gave me everything, he gave me food, he showed me everything. When I was nine months pregnant someone invited me to work at a clothing factory. My brother said OK, but he wanted me first to learn English—he wanted to put me in a school. I was still only fifteen. He didn't know I was pregnant. By now I knew, and this is how I found out. When I first arrived I wanted to watch TV all the time. Lots of programs, and the commercials too. In one commercial—I can't forget it, I will always remember this commercial—a girl was in a swing, and first she says, "My friends say that if we make love one time we won't get pregnant." Then she appears again, with a big belly, and she says, "But they were wrong." And that made me realize finally what had happened to me. But I knew that nobody would believe me, that it had only been one time. So that's why I didn't tell. In Mexico people think very differently.

When I went to work I felt very ill. I couldn't sleep the night before. I just slept sitting on the couch. I didn't know what was going on. I was afraid I might be dying. I was so hot. People said, "What happened to you? You look so different, are you sick?" And I'd say, "No, I'm fine." But I felt worse and worse. I just wanted to go to the bathroom. I was in there for a long time, and the manager called me, but I had to go again and I stayed there. Finally they came to find me. I was on the floor of the bathroom. I was starting to hallucinate. They carried me and put me in a taxi and took me to the hospital. The nurse asked what happened to me and when I had had my period, and she said: "This girl is going to have a baby." And I had my daughter. The people in the hospital told me I couldn't keep her because I was too young. But I said I wanted to keep her, and I was going to keep her. I wanted that baby.

Lucía's little six-year-old girl comes to comfort her mother, who is crying as she tells the story.

This is my younger daughter. The baby in my story will be fifteen in September. Tonight she's home studying.

Historia de Lucía: Desesperación y esperanza

Lucía tiene cabello largo y oscuro y ojos que han visto demasiado. Ella contó su historia en inglés con algunas traducciones espontáneas.

Esta historia comienza en México, dos meses antes de que cumpliera mis quince años. Salí con un muchacho por primera vez. Le dije a mi madre que tenía que ir a hacer mis tareas, pero estaba mintiendo, salí con mi novio. Me invitó a ver una película muy lejos de mi casa. Al regresar él me pidió una prueba de amor para ver si mi amor por él era verdadero. Le dije, yo no quiero. Si no me das una prueba de amor no te llevo a tu casa. Y era muy largo el camino hasta mi casa. Tuve miedo. Yo no quería pero tuve que hacerlo. Tenía que llegar a mi casa si no mi madre me pegaría. En México todas las madres les pegan a sus hijos. Tenía mucho miedo porque no quería que me pegaran. Él me forzó a tener sexo con él.

Después me sentí tan desdichada. Me sentía tan distinta al resto de mis compañeras de la escuela. Pero no pude contárselo a mi madre. No sabía qué me iba a hacer, pero sí sabía que me iba a hacer algo malo. Por lo que preferí no decir nada. Yo tenía un hermano aquí en los Estados Unidos y me pidió que me viniera con él. Por lo que me había pasado le dije que sí, sí quería ir con él. Para entonces yo ya estaba embarazada de seis meses pero nadie sabía. Ni siquiera yo lo sabía porque como era tan joven. Yo no tenía televisión en México. Vivíamos en un pueblo muy pobre. No había habido educación sexual en la escuela. Así que yo estaba embarazada de seis meses pero ni lo sabía. Mi hermano le pagó a alguien para que me trajeran aquí.

Cuando estaba en la fila para cruzar la frontera me sentí terriblemente. Yo era una de tres mujeres con todos esos hombres, y tú ves los helicópteros arriba tuyo. Tuvimos que correr, cruzar el río y pagarles a esos hombres. Si no les pagas a esos hombres, ellos te obligan a que te quedes. Tuvimos que cruzar granjas con perros ladrando y hombres con pistolas. Yo contenía la respiración para saber si alguien estaba a mis espaldas. Corrí, corrí y corrí y traté de no respirar para que nadie me pudiera escuchar. Cuando por fin terminé de cruzar yo era la única mujer que había logrado llegar al otro lado. Había estado dos días sin comer y ¡estaba tan hambrienta! Pensando en el pasado, ahora sé que era porque estaba embarazada. Finalmente unos hombres vinieron y nos levantaron. Nos trajeron dos perros calientes y una botella de agua. ¡Sí mi Dios, esto era lo que quería! Me comí todo de un bocado.

Nos pusieron en un lugar junto a un montón de otras personas, sin duchas, sólo tortillas para comer, y esperamos allí, y luego mi hermano llamó. Me dieron ropa limpia y me pusieron en un avión. Cuando llegué un taxi me estaba esperando. Era como un sueño. Cuando finalmente vi a mi hermano me sentí feliz, lo abracé y él me abrazó a mi. Comencé a explicarle todo. Casi le explico lo que me había pasado con el muchacho en México, pero tenía tanto miedo. No le dije a nadie.

Durante tres meses viví con mi hermano. El me dio todo, el me dio comida, el me mostró todo. Cuando ya estaba embarazada de nueve meses alguien me invitó a trabajar en una fábrica de ropa. Mi hermano estuvo de acuerdo pero quería que primero aprendiera inglés. Él quería que fuera a la escuela. Yo aún tenía sólo quince años. Él no sabía que yo estaba embarazada. Para ese entonces yo sí sabía, y así es como lo descubrí. Cuando recién llegué a este país quería mirar televisión todo el tiempo. Todos los programas y todas las tandas publicitarias. En una tanda, no puedo olvidarla, (siempre recordaré esta tanda) había una niña en una hamaca y decía: ¨Mis amigas dicen que si haces el amor sólo una vez no quedaremos embarazadas¨. Después ella aparece de nuevo, con un gran vientre y dice "Pero estaban equivocadas." Y eso me hizo darme cuenta qué es lo que a mí me había pasado. Yo sabía que nadie me iba a creer que había sido sólo una vez. Por eso no le había dicho a nadie. En México la gente piensa muy diferente.

Cuando fui al trabajo me sentí muy enferma. No podía dormir la noche anterior. Sólo me dormí sentada en el sofá. No sabía qué estaba sucediendo. Tenía miedo de estar muriéndome. Tenía tanto calor. La gente me decía: "¿Qué pasa contigo? Te ves tan distinta, ¿estás enferma?". Y yo decía: "No, estoy bien". Pero me sentía cada vez peor. Sólo quería ir al baño. Estuve allí por un largo rato y el encargado me llamó, pero tenía que ir otra vez y me quedé allí. Finalmente vinieron a buscarme. Estaba en el piso del baño. Estaba comenzando a alucinar. Me cargaron, me subieron a un taxi y me llevaron al hospital. La enfermera me preguntó qué me pasaba y cuándo había sido la última vez que había tenido mi período y dijo: "Esta muchacha está por tener un bebé." Y tuve a mi hija. La gente del hospital me dijo que no podía quedarme con mi hija porque yo era muy joven. Pero yo dije que yo quería quedármela y que me la iba a quedar. Yo

quería quedármela. Yo quería ese bebé.

La hijita de Lucía de seis años se acerca para consolar a su madre, quien está llorando mientras cuenta su historia.

Esta es mi hija pequeña. La bebé de mi historia cumplirá quince años en Septiembre. Esta noche está en casa estudiando.

Raquel's story: Sacrifices

Raquel was a slender, attractive young woman who came to the show with her little girl.

When I came here I didn't know how I was going to get across the border. I came with my husband. The first time we had to wait a week to cross. When we got to the airport Immigration caught us and took us away. All morning long they took photos of us and took our fingerprints. It was like being in an immigration jail. After that they sent us to Mexico, and in four hours we were back there. We stayed 15 days in Mexico and then we tried again. And this time everything worked out.

I feel sad because after my son was born, when he was a month and three days old, they called me to tell me that my father had died. I couldn't go. My father worked hard to give us a good life. Yes, he was a good father because he never failed us. He was supportive of our coming to the United States.

Now it's been seven years. I hope we can get papers, because my mother is getting older and I can't go to see her. It would be hard to bring the children with me and it would be very difficult to cross the border.

Here my kids have more advantages, and I can help my mother by sending her money. I know if I returned to Mexico I'd have her close to me but I don't know that I would be able to help her economically.

La historia de Raquel: Sacrificios

Raquel es una mujer joven, delgada y atractiva, quien vino al espectáculo con su pequeña niña.

Cuando yo vine no tenía idea de cómo era pasar la frontera. Yo vine con mi esposo. La primera vez tuvimos que esperar una semana para pasar. Cuando estábamos en el aeropuerto nos capturó inmigración y nos llevaron. Durante toda la mañana nos tomaron fotos, huellas. Era como en una cárcel de inmigración. Después nos mandaron a México. En 4 horas estábamos allí. Estuvimos 15 días y luego intentamos pasar nuevamente; esta vez todo estuvo bien.

Yo me siento triste porque después que nació mi hijo, al mes y 3 días, me llamaron para informarme que mi papá había muerto. Yo no pude ir. Mi papá trabajó mucho para darnos una buena vida. Sí, fue buen padre porque nunca nos falló. Él estuvo de acuerdo en que viniéramos a los EE.UU.

Ya tengo siete años acá. Ojalá podamos sacar papeles porque mi mamá está mayor y no puedo regresar. Es difícil llevarme a los niños y está muy difícil cruzar la frontera.

Aquí mis hijos tienen más beneficios y yo puedo ayudar a mi mamá enviándole dinero. Si yo regreso a México, yo sé que la voy a tener, pero no sé si la voy a poder ayudar económicamente.

Pablo's story: Waiting in the canyon

Pablo, a young man from Ecuador with straight hair flopping into his eyes, told his dramatic story nonchalantly, sometimes laughing.

My story begins in Mexico when we were crossing into Arizona. There were six of us crossing, waiting for night to come. During the whole night we could not do it because it was heavily patrolled. We were waiting for the sun to rise so that we could try it during the day, according to what we were told by the man who was helping us. If they caught us, fine, and if not, we would pass.

Some policemen were watching us from a mountain, and they told us, "Come on up!"

And we told them "No, you come down!" We weren't going to climb up and if the policemen came down, what would happen to us?

We waited about half an hour. That half hour became very long, like a day. Finally they left and we entered the country. I did not feel afraid because we were all together. In Arizona we were in a truck that transported animals and the police could not see us because we were hiding between the animals' legs.

La historia de Pablo: Esperando en el cañón

Pablo, un hombre joven de Ecuador, de cabello lacio sobre los ojos, contó su sensacional historia con aplomo y en ocasiones riéndose.

Mi historia empieza en México cuando cruzábamos a través de Arizona. Éramos seis personas, los que estábamos cruzando, esperando que llegara la noche. Durante toda la noche no lo pudimos hacer porque estaba muy controlado. Esperamos que amaneciera y en el día lo íbamos a intentar, según nos dijo el señor que nos estaba ayudando. Si nos cogían bien y si no pasamos.

Unos policías nos estaban viendo desde una montaña, y ellos nos decían "¡suban!" Y nosotros les decíamos "¡no! ¡bajen ustedes!" Nosotros no íbamos a subir y si los policías bajaban ¿qué nos iba a pasar?

Esperamos como media hora. La media hora se hizo muy larga, como un día. Al final nos dejaron y entramos al país. No sentí miedo porque estábamos todos juntos. En Arizona estábamos en un camión que transportaba animales y la policía no nos podía ver, porque estábamos entre las patas de los animales.

Agustin's story: A coyote who couldn't drive

Agustin was a man in his thirties who'd come to the show with his whole family. He told his story with a lot of humor.

This is about my experience of crossing the border to come here to the United States. My story begins the first time that I tried to cross. My brother and I went to Tijuana and we met the coyote, the person who helps with the journey. He was going to bring us across. He was nineteen years old. He brought us to a truck, which took us closer to the border. We had to hide behind bushes. From there we had to walk and walk, until we could get to another place to hide. He told us, "Hide over here!" There were a lot of trees! We were really lucky because we passed on the first try without any problems.

We got to this little town called San Isidro across the border in the US. The coyote told us we had to hide in a house and we hid for hours. Then he asked if any of us knew how to drive, because there was a car there, and he—the person who was helping us—didn't know how to drive! I didn't know either. The coyote said: "Hurry up, hurry up!" He took the wheel and he started driving along those almost empty roads of San Isidro, almost crashing, but he managed to get us to his house because it wasn't very far. He was nervous and sweating from stress because he didn't know how to drive. He was frustrated, but everything was OK—just the driving.

From there another person went to pick us up from the house and put us on a plane. We then arrived in New York. After three years I went back, but that's another story!

La historia de Agustín: El coyote que no podía manejar

Agustín es un hombre de unos treinta años quien había venido al espectáculo con toda su familia. Su relato estaba lleno de humor.

Esta es mi experiencia de cómo fue la pasada aquí a los EE.UU. Mi cuento empieza la primera vez que intenté pasar la frontera. Mi hermano y yo fuimos a Tijuana, y allí conocimos al coyote, la persona que ayuda en el viaje. Él nos iba a cruzar. Tenía 19 años. Ahí él nos llevó a un camión y nos llevó más cerca de la línea. Estuvimos escondidos detrás de los arbustos. De ahí estuvimos caminando y caminando hasta agarrar dónde escondernos. Él nos decía: "agáchense por aquí".

¡Había muchos árboles! Tuvimos mucha suerte porque pasamos al primer intento, sin ningún problema.

Después llegamos a este pueblito llamado San Isidro del otro lado de la frontera, ya en los Estados Unidos. Ahí el coyote nos dijo que nos escondiéramos en una casa, y estuvimos escondidos por varias horas. Pero luego esta persona nos preguntó que si alguien de nosotros sabía manejar, porque había un carro, y él, la persona que nos estaba ayudando, ¡no sabía manejar! ¡Yo tampoco sabía manejar! Pero él decía ahorita, ahorita!… Tomó el volante y empezó a manejar por esas calles casi vacías en San Isidro, casi chocando, pero sí logró llegar a su casa porque no estaba muy lejos. Él iba sudando de los nervios de tanta presión, porque no sabía manejar. Estaba frustrado pero todo estuvo bien… solamente el manejar.

De ahí otra persona nos fue a traer de esa casa, ya nos puso en el

avión, y ya llegamos a New York. Después a los tres años regresé, pero esa ¡ya es otra historia!

Laura's story: My father's determination

Laura was a Head Start staff member.

This is part of a huge story. It's about my father, who was a stern man and determined to do what was right for his family. For a long time he used to cross the border frequently to earn money and get food for his family— there were lots of kids in our family. Then, when my mother became pregnant again, she and my father decided that it was time to bring the whole family to the US, especially since my mother was a US citizen. They wanted the new baby to be born in the US.

But they didn't have papers for all us kids. We all piled in a car and went through Immigration. My parents hoped that the undocumented kids would just slip through, but my father was detained. They accused him of bringing in illegals. He was outraged. He said, "They're not illegals, they're my children!"

Eventually he was released. It took a whole day, while we all waited there, very afraid. They told him to take us all back to Mexico. But there was a kind immigration officer who gave him the name of a lawyer who could help, and eventually he was able to bring us all into the US legally. For years we all worked as migrant laborers. Now my parents live in Texas. They still remind their children and grandchildren of this story.

La historia de Laura: Mi padre y su determinación

Laura era una empleada de Head Start.

Esto es parte de una larga historia. Es acerca de mi padre, quien era un hombre resuelto a hacer lo correcto para su familia. Por largo tiempo él cruzaba la frontera a menudo para ganar dinero y llevar comida a nuestra familia. Había muchos niños en nuestra familia. Después cuando mi madre quedó embarazada otra vez mi padre decidió que era hora de llevar a toda la familia a los Estados Unidos, especialmente porque mi madre era ciudadana americana. Ellos querían que el nuevo bebé naciera en los Estados Unidos.

Pero no tenían papeles para todos nosotros, los niños. Nos amontonamos en el coche y atravesamos inmigración. Mis padres esperaban que los niños indocumentados simplemente pasaran desapercibidos, pero mi padre fue detenido. Ellos lo acusaron de entrar ilegales al país. Mi padre estaba furioso. Decía: "¡no son ilegales, son mis hijos!"

Finalmente lo soltaron. Les llevó todo un día soltarlo mientras nosotros teníamos que esperar allí, todos con mucho miedo. Le dijeron a mi padre que nos llevara a todos de regreso a México. Pero había un oficial de inmigración que le dió el nombre de un un abogado que podría ayudar. A la larga, mi padre pudo traernos a todos legalmente a los Estados Unidos. Durante años todos nos ganamos la vida como trabajadores migrantes. Ahora mis padres viven en Texas. Ellos todavía les recuerdan esta historia a sus hijos y a sus nietos.

Work, Education, and Dreams
Trabajo, Educación, y Sueños

Rafael's story: Gustavo and Gabriela, my grandparents

Rafael was a smiling young man about the same age as his grandparents in his story.

My grandparents came here from Mexico. Their names were Gustavo and Gabriela. They got a temporary visa and came by bus. They wanted to come because there's no money back home. They were very young— 18 or 19. When their temporary visa ran out they had to hide from Immigration. It was very hard for them. They are still here now, but now they're US citizens.

They often tell me this story—they really want me to know what it was like for them. They want me to understand how they suffered. They don't want me to take any of this for granted. It was so hard for them to live when they first came.

When I went back to Mexico myself it seemed perfect to me. I loved it there.

La historia de Rafael: Gustavo y Gabriela, mis abuelos

Rafael es un joven sonriente más o menos de la misma edad que sus abuelos en su historia.

Mis abuelos vinieron de México. Sus nombres eran Gustavo y Gabriela. Obtuvieron una visa temporaria y vinieron en autobús. Querían venirse porque no había dinero en sus tierras. Eran muy jóvenes, 18 ó 19 años. Cuando su visa temporaria expiró tuvieron que esconderse de los de migraciones. Fue muy duro para ellos. Todavía están aquí ahora, pero ahora son ciudadanos americanos.

A menudo ellos me cuentan esta historia. Ellos realmente quieren que yo sepa cómo fue la vida con ellos. Quieren que yo entienda cómo ellos han sufrido. Ellos no quieren que yo tome nada de esto por garantizado. Fue tan difícil para ellos vivir cuando recién llegaron.

Cuando por mi cuenta yo regresé a México me pareció perfecto. Me enamoré del lugar.

Yolanda's story: A dream unfulfilled

Yolanda was a bright, assertive young woman who had spoken in English earlier in the show but preferred to tell her story in Spanish.

When I came to the US I came here with only one purpose. When I lived in Oaxaca I studied dressmaking and alterations but I didn't have enough money to buy a sewing machine. That's why I came.

I was single for two years here. Then I got together with the father of my two children. After two years together we returned to Mexico to get married. And then I came back to the US. After a little while the father and I separated. I was pregnant. It was very difficult. I was alone in an unknown country. Even now it is hard. My older son is six years old and my little one is 17 months old.

It is very difficult to have to work and leave my children. My sister-in-law is here and she helps me, It's important to stay here because they were born in this country. They have a lot of opportunities.

It's so hard to work without having a license to drive a car and get around. I have still not been able to save money to get a sewing machine. My work is cleaning houses. But a good thing about being here though is that I found the very best people here, like all the people here at Head Start. And some people like you, who are interested in our stories.

La historia de Yolanda: Un sueño no realizado

Yolanda es una mujer joven, brillante y decidida, quien había hablado en inglés al principio del espectáculo pero prefirió contar su historia en español.

Cuando vine a los EE.UU. vine con un solo propósito. Cuando estuve en Oaxaca estudié para coser ropa y arreglar, pero no tenía dinero suficiente para comprar una máquina, por eso vine.

Estuve dos años soltera, después me uní con el papá de mis dos hijos. Al cabo de dos años regresé a México para casarme. Luego regresamos aquí otra vez y después de un tiempo nos separamos. Yo estaba embarazada. Fue muy difícil. Estaba sola y en un país desconocido. Hasta ahora es difícil. Mis hijos, el mayor tiene seis años, el pequeño tiene 17 meses.

Es muy difícil trabajar y dejar a mis hijos. Mi cuñada está aquí ahora y me ayuda. Es importante quedarse aquí porque ellos nacieron en este país. Son muchas las oportunidades que tienen.

Lo difícil es trabajar y no tener licencia para manejar un carro y transportarse. Aún no he podido ahorrar dinero para comprarme una máquina de coser. Trabajo limpiando casas. Lo bueno de estar aquí es que he encontrado gente de lo mejor, como las personas que hay aquí en Head Start. Y hay gente como ustedes que se interesan en nuestras historias.

Julia's story: Our children's education

Julia was a tall, statuesque woman who came with her husband and their three younger children.

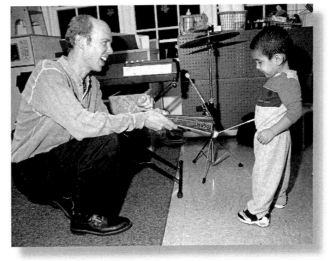

My son Andrés is 19 years old. When we came here from Argentina he was 15. For him it was very difficult to come here. Everything was so different. Fortunately he did speak good English. We knew it would cost a lot of money for him to go to university here, although in my country it's free. But he wanted to study. We didn't know how we were going to do it. It was very hard as immigrants to have enough money. He wanted to go back to Argentina but we didn't want that to happen—we didn't know when we'd see him again. It was very difficult but my husband worked very hard every day. Andrés was then in 11th grade and he worked in the summer too.

Andrés applied to all the universities. I'll never ever forget when he received the first letter saying he was accepted. We are so happy now that he's actually in college. It's thanks to my husband, who worked so hard. My husband is an excellent father. He is a carpenter and in the weekends he does landscaping, and in the winter he plows snow. Season after season, he worked to make it possible for Andrés to go to college. We hope our younger children will go to college too.

La historia de Julia: La educación de nuestros hijos

Julia es una mujer alta y escultural, quien vino con su marido y sus tres pequeños hijos.

Mi hijo Andrés tiene 19 años. Cuando vinimos aquí desde Argentina él tenía 15. Para él fue muy difícil venir aquí. Todo era tan diferente. Por suerte él hablaba un buen inglés. Nosotros sabíamos que aquí para ir a la Universidad se necesitaba mucho dinero, cosa que en mi país no, en mi país ¡es gratis! Pero él quiso estudiar. Nosotros no sabíamos cómo hacerlo. Fue muy difícil como inmigrantes tener suficiente dinero. Él quiso regresar a la Argentina pero no queríamos que eso pasara porque no sabíamos cuándo lo volveríamos a ver. Fue muy difícil pero mi marido trabajó duro todos los días. Andrés, quien estaba en el decimoprimer grado, también trabajó todo el verano.

Entonces Andrés aplicó a todas las universidades. Yo nunca olvido el día que recibimos la primera carta que decía que lo aceptaban. Estamos muy felices de que en este momento esté yendo a la universidad. Esto se logró gracias a mi marido, quien trabajó tanto. Mi esposo es un excelente padre. Él es carpintero, los fines de semana hace *landscaping*, en el invierno trabaja limpiando nieve. Temporada tras temporada él trabajó para que así a Andrés le fuera posible asistir a la universidad. Esperamos que nuestros hijos más chicos también puedan asistir a la universidad.

Mauricio's story: We left so much behind

Mauricio sat with his wife and two children enjoying the show, then decided to tell his own story.

The truth is that we all come to this country with the same thing in mind: to make money, more than anything-- to do something better for our family. Our country is very beautiful but its economy is in bad shape thanks to the people who have been in government. There are many rich people in Mexico but poor people like us are overlooked. We talk about why we are here, but not what it's like getting here. When we leave our country it's really the first time that we leave our mother, our brothers, girlfriend, we leave a whole world. No matter how many years we've lived here, we will always have our own country inside of us, because that's where we had our best years, our childhood, our adolescence, our young adult life.

Many people would come back to the town where I'm from and it had an impact on me. I noticed that they had another kind of life. I saw that they had left to work in the United States and they came back with an education.

It's important to note that our suffering starts when we are still in our own country, as soon as we leave our own state. In my case, I traveled three days on a bus from Oaxaca to Tijuana trying to make it through the *retenes*, that is what we call the police. It is very sad because they kill you, they take your money, they try to take everything. These people who do this to us are not our own race. This is what motivates you to leave your homeland and do more for yourself, and for the most part, not go back. It is very sad and very painful.

Tijuana is one of the most dangerous states in Mexico that I know of. The police are very dangerous there. I was 19 years old when I first left my country. The police put us into a car and took all our money and just left us there on the side of the road and we didn't know what to do. We were young. There were five of us. We had very little money. The challenges of crossing the border are always the same. The dogs follow you. I had to walk almost a day and night to Sandiego, without eating, without water, without anything. With us was a pregnant woman who told us to keep walking. I didn't want to keep walking. I wanted to go back home.

The most important thing is that I give thanks to God that this country exists. I am very thankful for this country. If at any moment I could do something for this country I'd do it, no matter what. It is an opportunity for us, we who come illegally, not only the Mexicans but many Latinos. I am really happy because thanks to this I have my children.

I miss my mother. She is sick in Mexico and I can't go to see her, because I don't have papers. I can't leave, it's very dangerous. But I thank this country for my children and because I can give them a better life. That's something I will never stop being thankful for. Thank you that I can be here.

La historia de Mauricio: Dejamos tanto atrás

Mauricio estaba sentado junto a su esposa y sus dos hijos disfrutando del espectáculo entonces fue que decidió contar su propia historia.

La verdad es que todos venimos a este país con la misma mentalidad. Para hacer dinero más que nada, pensando en hacer algo mejor para nuestra familia. Nuestro país es muy bonito, muy hermoso pero realmente nuestra economía es bastante mala por culpa de los gobiernos que han existido. Allí nada más hay ricos y a los pobres nunca los ven, como a nosotros. Es el motivo y la razón por la cual nosotros hablamos de cómo estamos, pero no hemos dicho de cómo la pasábamos. Cuando dejamos nuestro país, es realmente la primera vez que dejamos a nuestra mamá, nuestros hermanos, novia, dejamos todo un mundo. Nuestro país, por muchos años que vivamos aquí, siempre lo vamos a tener adentro, porque hemos vivido los mejores años: la infancia, la adolescencia, parte de nuestra juventud.

Muchas personas iban allá al pueblo de donde yo soy, y me emocionaba. Yo veía que esas personas llegaban y tenían otro tipo de vida, porque ellos venían a Estados Unidos a trabajar y llegaban a mi pueblo con educación.

Lo más curioso es que empezamos a sufrir adentro de nuestro propio país, sólo saliendo de nuestro estado. Cuando yo me vine tuve que hacerlo en un autobús de Oaxaca a Tijuana. Yo estuve viajando por tres días en un autobús, pasando los retenes como les decimos a los judiciales que es la policía. Es muy triste porque te matan, te sacan dinero, lo que no tienes, ¡todo! Estas personas que son nuestra propia raza nos hacen esto. Eso te motiva a querer salir de tu tierra y a querer hacer algo, a lo mejor para no regresar. Es bien triste y bien doloroso.

Tijuana es uno de los Estados más peligrosos que existen en México, y que yo sepa, la judicial es muy peligrosa. Yo tenía 19 años cuando yo salí de mi país. Nos bajaron, un judicial nos metió a un carro a todos, nos quitó todo nuestro dinero y nos dejó por ahí a un lado y no sabíamos qué hacer. Éramos jóvenes, estábamos allí cinco personas. Teníamos poco dinero. El problema cuando pasamos es siempre lo mismo: nos siguieron los perros, yo tuve que caminar casi un día y una noche para llegar a San Diego, sin comer, sin agua, sin nada. Con nosotros venía una persona embarazada que nos motivó a seguir caminando. Yo no quería caminar, yo quería regresar a mi país.

Lo más importante para mí es que yo le doy gracias a Dios, porque este país existe. Yo estoy muy agradecido con este país. Si yo en algún momento pudiera hacer algo por este país lo hago. No me importa, porque realmente, es una oportunidad que se nos abre a nosotros los ilegales que llegamos, no sólo a los Mexicanos, sino también a muchos latinos. Realmente yo estoy muy contento porque gracias a esto, yo tengo mis hijos. Yo extraño a mi madre, ella ahora está enferma y yo no puedo ir a México porque no tengo papeles. No puedo salir, es muy peligroso. Pero le agradezco a este país por mis hijos y porque puedo darles una mejor vida y eso es algo que jamás dejaré de agradecer. ¡Gracias que puedo estar aquí!

Barbara's story: In spite of everything I want to be here

Barbara spoke quietly, with a lot of dignity.

My story takes place here. I came here five years ago, six months pregnant, and with a son three years old. Mostly the problem has been the language. And our papers. My husband has had to go through a lot of things in his jobs. He used to work delivering for a pizzeria. I did babysitting before but now I do whatever I can to help, by doing sewing or whatever comes my way. It's hard to explain what I want to talk about because so many things are difficult. I don't speak English, so it's hard to communicate, and I have the same problem with my kids. My husband has to work at least 12 hours a day in two different jobs. He's had to endure a lot of humiliation from his bosses. I've tried to look for work in many different places, but unfortunately I can't get a job because of the language.

Right now I'm trying to study English but in the beginning I wasn't able to do that. Things have been difficult—my husband lost his grandmother, and around the same time I lost my grandmother and my brother.

In spite of everything I do still want to be here. Because even though we have all these difficulties as immigrants, we've been able to accomplish getting our house, our work, a better education for our kids—things that in my country were not obtainable, or at least it would have been a lot harder.

Sometimes I feel frustrated wanting to help my husband but not being able to. I have a lot of education, my husband too, but we can't use it. Most of all because of language.

The dream is there but it is very hard to achieve it.

La historia de Barbara: A pesar de todo quiero estar aquí

Barbara habló en voz baja con mucha dignidad.

Mi historia sucede aquí. Vine hace cinco años, embarazada de seis meses, y con mi hijo de tres años. El problema principal ha sido el idioma y nuestros papeles. Mi esposo tiene que pasar muchas cosas en su trabajo. Antes él trabajaba repartiendo pizzas y yo cuidaba niños. Pero ahora hago lo que puedo para ayudar, cociendo o lo que se me presente. Es difícil explicar sobre qué quiero hablar porque son muchas las cosas que han sido difíciles. No hablo inglés así que es difícil comunicarse y tengo el mismo problema con mis niños. Mi marido tiene que trabajar turnos de 12 horas en dos trabajos. Ha tenido que soportar muchas humillaciones de sus jefes. He tratado de buscar trabajo en muchos lugares diferentes, pero desafortunadamente no puedo conseguir trabajo por el idioma.

Ahora estoy intentando estudiar inglés, pero en los comienzos no había podido hacerlo. Las cosas estaban muy difíciles. Mi marido perdió a su abuela, y más o menos para la misma época yo perdí a mi abuela y a mi hermano.

A pesar de todo yo sí quiero estar aquí. Porque a pesar de que tenemos todos estos problemas por ser inmigrantes, hemos podido lograr el tener nuestra casa, nuestro trabajo, una educación mejor para los hijos, cosas que en mi país no hubiera podido obtener o por lo menos hubiera sido mucho más difícil.

A veces me siento frustrada de querer ayudar a mi marido y no lograrlo. Tengo mucha educación y mi marido también, pero no podemos usarla sobre todo a causa del idioma.

El sueño está pero es muy difícil de lograrlo.

Cristina's story: A dream that's coming true

Cristina was a self-assured young woman who'd brought her kids, aged about eight and ten years old, to the show.

My story is about when we immigrants make the decision to come to this country. It's always for something better, either economically or emotionally. In my case it was more emotional because I realized that the job situation in Mexico was so difficult.

I grew up in the state of Mexico, near the capital, in a small town. There was a lot of vandalism. In high school, young people study what they want to study. Those who don't want to study get into a lot of trouble. I grew up seeing all of this. As an adult and having my own children I understand this situation. And in the system that I grew up in you have to pay to send your children to school and it costs a lot of money. There aren't many jobs. If you do have a job, you have to work from 9 in the morning until 8 at night.

Being here in the United States, we miss our families, our mother, grandparents, cousins, and uncles. And when we can, we help our relatives in Mexico. It's in our power and in our hands to do something better for our children and ourselves. And in this way we help our family by setting an example of how it's possible to improve our lives.

I've been here about seven years with my children When I came to the US I had the opportunity and privilege to study the Bible. I've learned that God is very good because He helps us to think and make good decisions in life.

My children go to school, and I always try to spend time with them going over their homework. I try not to work every single day of the week so I have time to dedicate to my home because I feel that family is most important. I am raising my children the way I dreamed.

La historia de Cristina: Un sueño hecho realidad

Cristina es una mujer segura de sí misma, quien había traído a sus dos hijos de ocho y diez años de edad aproximadamente.

Mi historia se trata de cuando nosotros los inmigrantes decidimos venir a este país. Siempre es para algo mejor, ya sea económico o emocional. En mi caso es más emocional, porque yo me doy cuenta que la situación en México es un poco difícil con los trabajos.

Yo me crié en el estado de México, cerca de la capital, en un pueblito. Allí hay mucho vandalismo. En la secundaria, los jóvenes estudian los que quieren estudiar y el que no quiere se dedica a la rebeldía. Entonces yo viví y ví todo eso. Ya siendo adulta y teniendo mis propios hijos yo sé la situación. También es parte del sistema que yo viví que para mandar a los hijos a la escuela hay que pagar y cuesta mucho dinero. No hay muchos trabajos. Cuando hay trabajo uno lo hace de 9 de la mañana hasta las 8 de la noche.

Estando aquí en Estados Unidos uno extraña mucho a los familiares, a nuestra madre, a los abuelos, primos y tíos. También cuando podemos ayudamos a los familiares que están en México. Está en nuestro poder, en nuestras manos, el hacer algo mejor para nuestros hijos y para nosotros y de esa manera ayudamos a nuestra familia dándoles el ejemplo que sí se puede mejorar.

He estado aquí aproximadamente por siete años con mis hijos. Cuando llegué con mis niños tuve la oportunidad y el privilegio de aprender la biblia. Aprender de Dios es muy bueno, porque nos ayuda a pensar y a tomar buenas decisiones en la vida.

Los niños van a la escuela y yo trato de ponerlos en primer lugar a hacer sus tareas. No me dedico toda la semana a trabajar. Trato de dedicar tiempo en mi hogar y siento que la familia es primordial. Estoy criando a mis hijos de la manera que he soñado.

Claudia's story: Patience and vision

Claudia spontaneously stood up at the end of the show to thank the performers.

In Colombia I worked for five years in a bank, with clients who had a lot of money. They were upper middle class and upper class people, businessmen with large checking accounts. I was the one who took care of them. The difference is that when I came to this country I didn't come to work in a bank. Instead, I've worked as a cleaner in restaurants and offices. When I talk with my friends, they say, "You went to university, you graduated—why are you cleaning? You have to do the work that you like!"

The truth is that when I decided to come I knew that I'd be doing very different things. Even when I clean, even when I work in a restaurant, people still respect and value you here. In my country, people who do that kind of work are not seen as individuals.

I want to continue to study because I want to do what I like and I want to work in the field that I study. I like to work with kids and I like social work. I feel peaceful here. The difficulties that I may have now do not make me want to return to my country. I have a bigger vision of what can happen, little by little.

La historia de Claudia: Visión y paciencia

Claudia espontáneamente se paró al final del espectáculo para mostrar agradecimiento a los actores.

En Colombia, trabajé durante cinco años en un banco. Yo atendía a la gente con más dinero. Eran personas de clase media alta o muy alta como los empresarios que manejan cuentas corrientes con mucho dinero. Yo los atendía a ellos. La diferencia es que cuando yo vine a este país, no vine a trabajar en un banco. En cambio he estado trabajando en limpieza, limpiando oficinas y restaurantes. Cuando hablo con mis amigos ellos me dicen: ¡"pero tu fuiste a la Universidad, ¡te graduaste! ¿Por qué tú estás limpiando? Tú tienes que trabajar en lo que te gusta."

La verdad es que cuando decidí venir, yo sabía que venía a trabajar en cosas muy diferentes. Aunque yo limpie, aunque yo trabaje en un restaurante, aquí a la gente siempre la respetan y siempre la valoran. En mi país él que trabaja en un restaurante, él que hace limpieza en una oficina, no está bien visto, a pesar de ser una persona que trabaja.

Quiero seguir estudiando porque quiero hacer lo que me gusta y trabajar en lo que estudié. Me gusta el trabajo con niños, el Trabajo Social. Me siento muy tranquila aquí. Las dificultades que pueda tener ahora no hacen que yo quiera volver a mi país. Poco a poco, tengo una visión más amplia de lo que puede suceder.

Maya's story: I left the work I loved

After Claudia's story, Maya's husband Jorge prompted her to tell her story, and then joined her on stage to comfort her. Maya's calm, warm presence made it easy to imagine her working with children.

My story begins in Ecuador. I dreamed first of graduating from college but I was tired of studying. But my mother pushed me to study more. I began studying in the afternoon but I also wanted to help support my family. I had a job in the morning. I always worked with kids.

In the beginning I was just a student in the classroom where I was training to be a teacher. The training lasted four years. My dream was to be like the teacher who taught me. Over those four years my dream became reality as I advanced further and further until I graduated in special education. I was always the assistant, until the day came where they gave *me* an assistant. I had arrived at the summit of my teaching career.

When I came to the United States it wasn't because I wanted to come. My husband had this dream and vision about coming here. I loved him too much to let him come alone, so I left everything I cared about and I came with him. The work is hard. I work in something that I don't like. I work as a cleaner. When I'm working, wherever it is, I always imagine myself back in Ecuador, working in what I like. It doesn't make me lose my spirit. I have the vision of going back to that life.

My husband is a good man and he loves me and my girls a lot. He's a good father. They told him that life here was a dream but he's also realized that it is hard, and not as good as he had thought. He was a mechanic in Ecuador, and he's a mechanic here. He's a university graduate in mechanics and he's doing the work that he likes. But not me! I studied to be a special educator.

Over these five years my brother has come here on vacation in August and he's brought me some joy.

After the enactment Maya said: I felt like she *(the actor who played Maya)* was me. Thanks to you, it made me let go of a lot of what I had in my heart.

La historia de Maya: Dejé el trabajo que amaba

Después de la historia de Claudia, Jorge, el esposo de Maya, la alentó a que contara su historia. Luego se unió a ella en el escenario para consolarla. La presencia serena de Maya deja fácilmente imaginársela trabajando con niños.

Mi historia es en Ecuador. Yo soñaba primero con graduarme del colegio bachiller, no quería estudiar más. Sin embargo mi mamá me estimuló para que siguiera la Universidad. Yo comencé primero estudiando en la tarde pero mi sueño también era ayudar en mi casa. Trabajaba en la mañana. Siempre trabajé con niños.

Al principio yo era una simple estudiante en el aula donde practicaba para ser profesora. El estudio duraba 4 años y mi sueño era ser como la profesora que me enseñaba a mí. Entonces sucedió que en esos 4 años mi sueño se fue haciendo realidad, porque iba ascendiendo de posición, hasta que me gradué de Educadora Especial. Yo siempre era la ayudante y llegó el día en que me dieron una ayudante a mí. O sea llegaba al tope de mi carrera de profesora.

Ahora cuando yo vine a los Estados Unidos no era porque yo quería venir, sino que mi esposo tuvo la ilusión, el sueño de venir acá. Yo le quería mucho como para dejar que él viniera solo, así que dejé todo lo que yo quería y me vine con él. El trabajo es duro. Trabajo en algo que no me gusta. Trabajo en limpieza. En el trabajo, en donde quiera que esté, siempre me imagino estar allá y trabajar en lo que me gusta. No me desanimo, tengo la ilusión de regresar a esa vida.

Mi esposo es un buen hombre y me quiere mucho, a mí y a las niñas. Además es muy buen papá. A él le dijeron que aquí la vida es un sueño, pero él también se ha dado cuenta que la vida es dura, que no es tan bonito como él pensó. Él era mecánico en Ecuador y aquí también. Él es graduado de la Universidad en Mecánica y hace lo que le gusta aquí pero ¡yo no! Yo estudié para Educadora Especial.

En estos 5 años mi hermano ha venido de vacaciones en Agosto, y él me ha dado un poco de ánimo.

Después de la actuación Maya dijo: Me sentí que ella *(la actriz que representó Maya)* era yo! Gracias a ustedes que me hicieron desahogar y sacar lo que tenía en mi corazón.

Juanita's story: My beloved father

Juanita was already in tears as she came to the teller's chair. But she was determined to tell her story.

I came here six years ago. I got married and I came with my husband. Life in Mexico was so difficult. We wanted to get ahead, and wanted to have our own things, but it has been hard. My parents didn't want me to leave but they understood why I did.

Then two years ago my dad died. When I talked to him on the phone he would always ask me to come and see him. He was a very strong person. Then he had an operation. He came out of the operation OK but then he died suddenly. I haven't been able to go ahead with my life because I feel so bad about it. My husband and my aunt were with me during this difficult time of the death of my father.

My coming here was very difficult. It took me a week to try to get across the desert. I would never want to go through that again. But now my mother is left alone. She would like me to come back. She's already an elderly woman.

I know that my father loved me a lot, because he would repeat that to me, and he would show it to me. I would like the opportunity to tell him that I loved him a lot too, and I still need his advice and love. I wish he had known his grandchildren.

La historia de Juanita: Mi amado padre

Juanita ya estaba con lágrimas en los ojos cuando vino a sentarse a la silla del narrador. De todas maneras, ella estaba resuelta a contar su historia.

Vine aquí hace seis años. Me casé y vine con mi esposo. La vida en México es muy difícil y queríamos salir adelante. Tener algo propio se ha vuelto difícil. A pesar de que mis padres no querían perderme entendieron por qué lo hacía.

Hace dos años que murió mi papá. Cuando yo hablaba con él por teléfono me pedía mucho que fuera. Era una persona muy fuerte. Tuvo una cirugía. Después de la operación salió bien. Luego de repente murió. No he podido salir adelante porque me siento mal. Mi esposo y mi tía estuvieron conmigo cuando pasé por ese mal momento de la muerte de mi padre.

Mi pasada para acá fue muy difícil, me tomó una semana cruzar por "El Cerro." No quiero pasar por lo mismo. Ahora me queda mi mamá. Ella también me pide que vaya. Ya es una persona mayor.

Yo sé que mi padre me amaba muchísimo, lo sé porque él me lo repetía y me lo demostraba. Me gustaría tener la oportunidad de poder decirle que yo también lo amaba y que aún necesito sus consejos y su amor. Desearía que hubiera podido conocer a sus nietos.

Elena's story: An accountant milking cows

Elena was an elegant woman who came to the show with her husband, children, and teenage niece.

I left Mexico several years ago. I came from a middle class family, and they didn't approve of my lover, Ramón. We wanted to be together, and it was best to come here. We knew it would be hard. Neither of us knew English very well. I'm an accountant, but here in the United States I could not get work in my profession. We both had to take whatever work we could find. At one point I was milking cows. Ramón was working with horses.

The hardest thing was that when we left, we had to leave our little boy in Mexico because we could not afford to bring him and we didn't know how we were going to support ourselves here. He had to stay with my family. Now, thank God, he is with us, and we are all OK. We are very glad to be here.

La historia de Elena: Un contador ordeñando vacas

Elena era una mujer elegante que vino al espectáculo con su marido, sus niños y su sobrina adolescente.

Dejé México hace muchos años. Yo vengo de una familia de clase media, quien no aprobaba de mi enamorado, Ramón. Queríamos estar juntos así que lo mejor fue venirnos para aquí. Sabíamos que iba a ser difícil. Ninguno de los dos sabíamos muy bien inglés. Yo soy contadora, pero aquí en los Estados Unidos no podía conseguir trabajo en mi propia profesión. Los dos teníamos que aceptar cualquier trabajo que pudiéramos encontrar. En un momento dado yo estaba ordeñando vacas. Ramón trabajaba con los caballos.

Lo más difícil fue que cuando partimos, tuvimos que dejar a nuestro hijito en México porque no podíamos afrontar los costos de traerlo y no sabíamos cómo íbamos a ganarnos la vida aquí. Él tuvo que quedarse con mi familia. Ahora, gracias a Dios, él está con nosotros y estamos todos bien. Estamos muy contentos de estar aquí.

Luisa's story: I want to make my parents proud

After Elena's story, her niece Luisa wanted to tell her own story, in spite of her shyness and emotion.

Elena is my aunt. I came to stay with her and Ramón so that I could go to school in the United States, because the schools in Mexico are not so good. I really want to make a better life and to make my parents proud. We thought we had done everything we were supposed to do. But the school keeps telling me that I don't have the right papers to be in school. It's confusing. I am very afraid to disappoint my parents.

La historia de Luisa: Quiero que mis padres estén orgullosos

Después de la historia de Elena, su sobrina Luisa quería contar su propia historia, a pesar de su timidez y sentirse emocionada.

Elena es mi tía. Vine para quedarme con ella y con Marco para poder ir a la escuela en los Estados Unidos, porque las escuelas de México no son muy buenas. Realmente quiero tener una vida mejor y que mis padres estén orgullosos. Nosotros creímos que habíamos hecho todo lo que teníamos que hacer. Pero la escuela nos sigue diciendo que no tengo los papeles correctos que necesito para estar allí. Es muy confuso. Tengo mucho miedo de decepcionar a mis padres.

Margarita's story: At the bank

Margarita was a serious woman from Ecuador.

In my job, I make deposits in the bank. Yesterday, today, every day I do the same thing, I deposit checks. However, today I had a problem. Yesterday they asked me for the signature of the person who had given me one of the checks, because it was missing. So I had to call the person so he could sign the check. Today I came back to deposit that check. The teller made me wait a long time, just as she did yesterday. I had to get to work at nine and she was going to leave me there waiting. I explained to her that yesterday I had to go through the same thing: "What's going on? I have to get to work." I said. So, she asked me if I was the business owner. I said to her "No!" and she told me several other things, like she was going to complain to my boss. I was able to argue with the teller because she spoke Spanish, but I wanted to talk to her supervisor and I couldn't because I don't speak English.

La historia de Margarita: En el Banco

Margarita, de Ecuador, es una mujer de aspecto serio.

En mi trabajo, yo hago depósitos de dinero en el banco. Ayer, hoy, todos los días voy y hago lo mismo, deposito de cheques. Sin embargo hoy tuve un problema. Ayer ellos me pidieron la firma de la persona que me había dado uno de los cheques, porque faltaba. Ayer, tuve que llamar a la persona para que me firmara el cheque y hoy regresé para depositarlo. La cajera, al igual que ayer, me volvió a hacer esperar mucho tiempo. Yo tenía que ir al trabajo a las 9, y ella me dejó esperando. Yo le expliqué que ayer había estado por lo mismo: "¿qué pasa? Yo me tengo que ir a trabajar" le dije. Entonces ella me preguntó que si yo era la dueña del negocio. Yo le dije "¡No!" y me dijo una cuantas cosas más como que se iba a quejar con mi jefe. Yo pude alegar con la cajera porque hablaba español, pero yo quería hablar con el supervisor de ella y no pude porque no hablo inglés.

Ali's story: Unfriendly neighbors

Ali comes from Jordan and Palestine. He has lived in the United States for a long time.

This takes place in Poughkeepsie where I live. It happened between me and my neighbors, and it happened because I come from a different country. The lady downstairs is always annoyed because my little boy is always running around. She hears his feet, especially in the winter when it's hard to take him outside. A lot of times she would call the cops, especially at night, around 8, 9 o'clock. After a while the cops told her to stop calling them. They listened to my son running and they didn't think he was making so much noise. And they told her she had to resolve this with the company that owns the apartments. A lot of times she would bang on the ceiling when she hears him running, to make him be quiet. We did try to have him sit down, but you can't just tie him down. He's three years old and he has a lot of energy. Probably some of the teachers here know how much energy my son has!

This woman, Gladys, used to come and buy gas where I work, but after these incidents she doesn't come in any more. She lives alone but her grandkids come and visit her. Sometimes they stay with her. One day in the parking lot her grandson, about 20 years old, says to me, "Why don't you go back where you came from?" And I didn't really like that, I was angry. I told him, "Listen, I graduated from high school here before you were even around." But I didn't pay too much attention because I figure the kid is just being ignorant. I've been here a long time. This is my home.

La historia de Ali: Vecinos no amigables

Ali viene de Jordania y Palestina. Ha vivido en los Estados Unidos por un largo tiempo.

Esto sucede en Poughkeepsie donde yo vivo. Ocurrió entre mis vecinos y yo. Esto pasó porque vengo de un país diferente.

La señora de abajo está siempre enojada porque mi hijito está siempre corriendo dentro de la casa. Ella escucha sus pisadas, especialmente en invierno cuando es difícil sacarlo afuera. Muchas veces ella ha llamado a los policías, especialmente de noche, alrededor de las 8 ó 9. Después de un tiempo los policías le dijeron que dejara de llamarlos. Escucharon a mi hijo corriendo y no pensaron que mi hijo hiciera tanto ruido. Además le dijeron que ella tenía que resolver esto con la compañía dueña de los departamentos. Muchas veces golpea en el techo cuando lo escucha correr para hacerlo callar. Nosotros intentamos que él se quede sentado, pero no lo podemos atar. Tiene tres años y tiene mucha energía. ¡Probablemente algunas de las maestras de aquí saben cuánta energía tiene mi hijo!

Esta mujer, Gladys, solía venir y comprar gasolina en el lugar donde yo trabajo, pero después de estos incidentes ya no viene más. Ella vive sola pero sus nietos vienen a visitarla. A veces ellos se quedan con ella. Un día en el estacionamiento su nieto de unos 20 años me dice, "¿Por qué no te vuelves de donde has venido?" Y realmente eso sí que no me gustó, y me enojé. Le dije: "Escucha, yo me gradué de la secundaria de aquí aún antes de que tú existieras." Pero no le presté mucha atención porque me imaginé que el joven era sólo ignorante. Yo he estado aquí por un largo tiempo. Este es mi hogar.

Inez's story: My cousin Edgar

Inez, fluent in English and Spanish, was full of passion as she told her story. Earlier she had commented with anger about the discrimination she has encountered in the US.

This is not my own story, but it's important to me. It's about my cousin Edgar. He's really like my brother. We grew up together—my mother took care of him. As kids we were both very daring and defiant.

My cousin Edgar came from the Dominican Republic with a visa, but when it expired he didn't want to go back there. He'd done a lot of studying and was very prepared for life. He's a student, like me. He's an educated person but here he has to clean, and gets paid minimum wage. He's a very hard worker, he has no social life.

Edgar used someone else's papers in order to be able to work. But when he filed taxes, he got arrested and almost deported, because this friend who'd helped him owed child support.

I think this story will have a happy ending, because now he's in love with an American woman, and when they get married he'll be able to get papers.

La historia de Inez: Mi primo Edgar

Inez, fluída en inglés y español, contó su historia llena de pasión. Anteriormente había hecho un comentario, enojada acerca de la discriminación que ella había encontrado en los Estados Unidos.

Esta no es mi propia historia, pero para mí es importante. Es acerca de mi primo Edgar. Él es realmente como mi hermano. Crecimos juntos, mi madre lo crió. Cuando éramos niños, éramos los dos audaces y desafiantes.

Mi primo Edgar vino con visado de la República Dominicana, pero cuando su visa expiró, no quería regresarse. Él ya había estudiado mucho. Él estaba muy preparado para la vida y no quería regresar. Él es estudiante al igual que yo. Es una persona educada pero aquí tiene que andar limpiando y le pagan el salario mínimo. Él trabaja muy duro, y ni siquiera tiene vida social.

Edgar usó papeles de alguien más para poder trabajar. Cuando llenó los formularios para los impuestos lo arrestaron y casi lo deportan, porque este amigo que lo había ayudado debía aportes a la manutención de los hijos.

Creo que esta historia terminará bien porque ahora él está enamorado con una Americana y cuando se casan tendrá sus papeles.

Josefina's story: Educated, bilingual, and professional

Josefina, a middle-aged woman, told her story in English.

My story begins when I first came here 15 years ago. I was a single mom with two kids. They were 10 and 11 years old. It was hard because I had to learn the language and support the family. My kids did well in school. But they always asked me, "Why did you bring us here?" We had left all the rest of our family behind. I wanted them to have better opportunities than we could have in the Dominican Republic or Puerto Rico, where I'd lived. I wanted to be bilingual and I wanted my kids to be bilingual as well. I always knew how important school was. Now my son John and my daughter Anna are adults, they're bilingual, they're professionals, and I'm very proud of them. My daughter received very high academic honors throughout school and she graduated magna cum laude from college.

My mother is very important in our family, because she actually helped to raise the kids. She joined me here three years after we came. She is very kind, she loves her grandkids a lot. We all live near each other but we all have our own apartments

My dream for my children has come true.

La historia de Josefina: Educada, bilingüe y profesional.

Josefina, una mujer de mediana edad, contó su historia en inglés.

Mi historia comienza cuando primero vine aquí, 15 años atrás. Yo era una mamá soltera con dos niños. Ellos tenían 10 y 11 años. Fue muy difícil porque tuve que aprender el idioma y mantener una familia. A mis hijos les fue bien en la escuela. Pero siempre me preguntaban: "¿Por qué nos trajiste aquí?" Habíamos dejado a todo el resto de nuestra familia atrás. Yo quería que ellos tuvieran mejores oportunidades que en la República Dominicana o en Puerto Rico, donde yo antes vivía. Yo quería ser bilingüe y quería que mis hijos fueran bilingües también. Yo siempre supe cuán importante era la escuela. Ahora mi hijo John y mi hija Anna son adultos, son bilingües y son profesionales. Estoy muy orgullosa de ellos. Mi hija recibió altos honores académicos a lo largo de toda la escuela y se graduó *magna cum laude* de la universidad.

Mi madre es muy importante en nuestra familia, porque fue realmente ella quien ayudó a criar los hijos. Ella vino y se unió a nosotros tres años después de que habíamos venido. Ella es muy amable y ama mucho a sus nietos. Todos vivimos muy cerca los unos de los otros, pero todos tenemos nuestros propios departamentos.

Mi sueño para mis hijos se ha cumplido.

Rolando's story: My boss and my people

Rolando was full of strong feeling as he told his story.

I came very young to this country, when I was fourteen years old. I came because my family was very poor, so poor that sometimes we had no shoes and we had to walk barefoot. My two older brothers came here before me, and then I decided to come. I wanted to have some schooling but there was no way there. I started working once I was here but I started to drink too, so I did not save money to send to my parents. As soon as I had money in my hand I just wanted to spend it.

But my life changed. I met my wife and she helped me a lot. And we had our children. And I found a good job with a nice boss. I work in a restaurant and this boss has been very good to me.

So now, with the demonstrations I felt a conflict within myself. Other people

mentioned being afraid of the immigration authorities, but for me it's about my relationship with my boss. He has helped me a lot with my papers and my green card. I am grateful and I wouldn't want to quit my job.

I'm very happy here. I have my children here. I don't care now what happens to me, even if I get sent back. My children are here and they will have all the opportunities that I didn't have, thank God.

I want to be with my people, claiming our rights, but it's hard for me. I know my boss would say yes, if I asked him if I could go, but I don't want him to feel like I'm an adversary. He's been very important and helpful for me. So I feel that my heart is torn.

La historia de Rolando: Mi jefe y mi gente

Rolando estaba lleno de fuertes sentimientos mientras contaba su historia.

Vine muy joven a este país, cuando tenía catorce años. Vine porque mi familia era muy pobre, tan pobre que a veces no teníamos siquiera zapatos y teníamos que caminar descalzos. Mis dos hermanos mayores vinieron aquí antes que yo y entonces decidí venir. Yo quise ir a la escuela pero no había manera alguna de lograrlo allí. Comencé a trabajar ni bien llegué aquí, pero también comencé a beber. Así que no ahorré ningún dinero para mandar a mis padres. Ni bien tenía dinero en mano, yo sólo quería gastármelo.

Pero mi vida cambió. Conocí a mi esposa y ella me ayudó mucho. Y tuvimos a nuestros hijos. Y conseguí un buen trabajo con un jefe agradable. Trabajo en un restaurante y mi jefe ha sido muy bueno conmigo.

Así que ahora con las demostraciones sentí un conflicto dentro mío. Otra gente mencionó tener miedo de las autoridades de inmigración, pero para mi se trata acerca de mi relación con mi jefe. Él me ha ayudado mucho con mis papeles y mi tarjeta verde. Estoy agradecido y no quisiera dejar mi trabajo.

Estoy muy contento aquí. Aquí tengo a mis hijos. Ahora ya no me importa qué me pase, ni siquiera si me enviaran de regreso. Mis hijos están aquí y ellos tendrán todas las oportunidades que yo no tuve, gracias a Dios.

Quiero estar con mi gente reclamando mis derechos, pero se me hace difícil. Yo sé que si le preguntara a mi jefe si puedo ir, él me diría que sí, pero no quiero que él sienta que yo soy su adversario. Él ha sido muy importante para mí y me ha ayudado mucho. Me siento con el corazón repartido.

Hearing the Stories

Escuchando las Historias

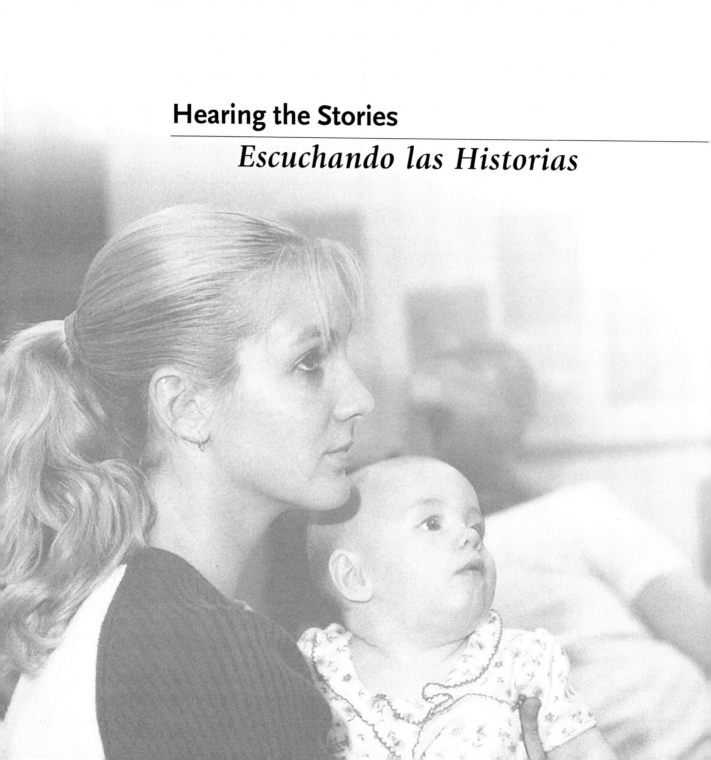

At the end of each show, non-immigrant audience members commented on what it was like for them to hear the stories and see them enacted.

Janet: I feel humbled and honored. Humbled because we have no idea how fortunate we are. And honored because we admire you.

Steven: These stories are similar to stories that might have been told by the grandparents of people who are not immigrants themselves—stories that we might know, or we might not.

Maureen: It's pretty sad because not everyone accepts them or respects them.

Valerie: I came to a greater understanding of what life is like. It's really touched my heart and it's given me some ideas of things I can do for this community as an American, and as a deacon in my church. I'm thinking of a particular upcoming event.

Gail: A lot of time people don't have a chance to hear these stories—it's good to have a chance to see these stories, and it's very emotional for me.

Sarah: Barbara's story is both brave and painful. I respect the sacrifice she made for her children.

Rose: It brings the pain and longing closer. We see how deep it runs. And it makes me think of my parents' story. They came here from Spain and lived here for 45 years before finally going back when they were old, so I got to see the whole process—how hard they worked, and how their children who were born here became an integrated part of American society, and how they did finally go back to the home they missed so much.

Deborah: It's heart-wrenching. It shouldn't happen.

Samantha (young girl): It's sad and inspiring.

James: It emphasizes to me that we all have struggles and that we can get through them, no matter how much pain there is, we'll come out on the other side.

Nicole: It's so emotionally overwhelming, I can't even imagine the strain of not knowing what's happening with yourself and your child.

Sharon (administrator): I would just like to say how proud and grateful we are to work with these parents. Hearing the stories tonight made me thankful that we are able to do this job. It's people who come here from far away who make our country strong.

Escuchando las Historias

Al final de cada show, miembros no inmigrantes de la audiencia comentaron acerca de cómo había sido para ellos escuchar las historias y verlas actuadas.

Janet: Me siento humilde y honrada. Humilde porque no tenemos idea de cuán afortunados somos. Y honrada porque nosotros los admiramos.

Steven: Estas historias son similares a las historias que podrían haber sido contadas por los abuelos de personas no immigrantes, historias que tal vez conozcamos o que tal vez no.

Maureen: Es bastante triste porque no todos los aceptan o los respetan.

Valerie: He llegado a un mayor entendimiento acerca de cómo es la vida. Realmente han tocado mi corazón y me han dado algunas ideas de cosas que puedo hacer como americana y como decana en mi iglesia. Estoy pensando en un evento en particular pronto a suceder.

Gail: Muchas veces la gente no tiene oportunidad de escuchar estas historias. Es bueno tener la oportunidad de ver estas historias. Ha sido muy emotivo para mí.

Sarah: La historia de Barbara es valiente y dolorosa. Respeto el sacrificio que ha hecho por sus niños.

Rose: Ha acercado el dolor y la añoranza. Vemos cómo nos atraviesan tan profundamente. Y me hace pensar en la historia de mis padres. Vinieron aquí desde España y vivieron aquí durante 45 años antes de que finalmente regresaran cuando ya eran ancianos. Así que pude ver todo el proceso: cuán duramente trabajaron, y cómo sus hijos, quienes nacieron aquí, se convirtieron en parte integrante de la sociedad americana. Finalmente cómo regresaron a su tierra que tanto añoraban.

Deborah: A uno se le tuerce el corazón. No debería suceder.

Samantha (una niña joven): Es triste e inspirador.

James: Esto me reafirma que todos tenemos nuestras luchas y que todos podemos superarlas, no importa cuánto dolor haya involucrado, todos llegamos al otro lado.

Nicole: Es tan sobrecogedor emocionalmente. No puedo ni siquiera imaginar la tensión de no saber qué le está pasando a uno mismo o a su hijo.

Sharon (administradora): Sólo quisiera decir cuán orgullosa y agradecida estoy por el trabajo de estos padres. Escuchar estas historias esta noche me hacen estar agradecida de poder hacer este trabajo. Es la gente que ha venido aquí desde lejos lo que ha fortalecido a nuestro país.

Immigration: Some Myths and Facts

Inmigración: Algunos Mitos, Algunos Datos

Source: National Immigration Forum
www.immigrationforum.org
Used by permission

Myth: Immigrants are a drain on the economy.

Facts: Immigrant households paid an estimated $133 billion in direct taxes to federal, state, and local governments in 1997. The typical immigrant and his or her descendants pay an estimated $80,000 more in taxes than they will receive in local, state, and federal benefits over their lifetimes.

The total net benefit (taxes paid over benefits received) to the Social Security system in today's dollars from continuing current levels of immigration is nearly $500 billion for the 1998-2022 period and nearly $2.0 trillion through 2072.

An open letter from the Independent Institute addressed to President Bush and the Congress that was signed by 500 economists from across the ideological spectrum cites the skills and vitality immigrants bring to the labor market and the benefits they create for Americans:

Overall, immigration has been a net gain for American citizens, though a modest one in proportion to the size of our 13 trillion-dollar economy.

Myth: Undocumented immigrants don't pay their fair share for health care and are dragging down local government budgets.

Facts: As the *New York Times'* Julia Preston found out from talking to hospital administrators and health care experts in Texas, most undocumented immigrants who access public hospitals in Texas are long-time residents, who pay taxes, and pay their hospital bills. They are also eligible for federal Medicaid coverage when giving birth, the most common reason undocumented immigrants seek health care services:

[M]ost illegal immigrants who go to major hospitals in Texas can show that they have been living here for years, said Ernie Schmid, policy director at the Texas Hospital Association. Many immigrant families have mixed status; often a patient with no documents has a spouse or children who are legal.

Most immigrant patients have jobs and pay taxes, through paycheck deductions or property taxes included in their rent, administrators at the Dallas and Fort Worth hospitals said. At both institutions, they have a better record of paying their bills than low-income Americans do, the administrators said.

The largest group of illegal immigrant patients is pregnant women, hospital figures show. Contrary to popular belief here, their care is not paid for through local taxes. Under a 2002 amendment to federal regulations, the births are covered by federal taxes through Medicaid because their children automatically become American citizens. (Julia Preston, "Texas Hospitals Reflect the Debate on Immigration," *New York Times,* July 18, 2006)

Low income, foreign-born residents, a category that includes many undocumented immigrants, are less likely to use Emergency Department care than others.

Myth: Immigrants are more likely to commit crimes and are burdening our criminal justice system.

Facts: A recent report by the Migration Policy Institute, "Debunking the Myth of Immigrant Criminality: Imprisonment Among First- and Second-Generation Young Men," uses 2000 census data to show that the rate of incarceration of foreign-born individuals is well below that of native-born ones (0.68% vs. 3.51%).

In a March 2006 *New York Times* op-ed, Harvard University sociology professor Robert J. Sampson wrote about a study he conducted with colleagues examining violent acts by almost 3,000 males and females, ranging in age from 8 to 25, from 1995 to 2003, across 180 neighborhoods in Chicago and found a "Latino paradox," which indicates Latinos (in this case mostly Mexican-Americans) had less propensity for violence than other people with similar incomes:

"[W]e found a significantly lower rate of violence among Mexican-Americans than among blacks and whites. A major reason is that more than a quarter of all those of Mexican descent were born abroad and more than half lived in neighborhoods where the majority of residents were also Mexican. Indeed, the first-generation immigrants (those born outside the United States) in our study were 45 percent less likely to commit violence than were third-generation Americans, adjusting for family and neighborhood background. Second-generation immigrants were 22 percent less likely to commit violence than the third generation." ("Open Doors Don't Invite Criminals," New York Times, March 11, 2006).

Myth: Immigrants take jobs from Americans.

Facts: Immigrants do not take American jobs. The American economy can create as many jobs as there are workers willing to work so long as labor markets remain free, flexible and open to all workers on an equal basis.

Most labor economists agree that immigrants tend to complement rather than compete with American workers, both at the high- and low-skill levels. Many lower skilled immigrants are working at jobs many Americans would prefer not to have to do or where labor shortages exist. But more importantly, perhaps, is that immigrants are creating jobs through entrepreneurship.

Two recent studies show that immigrants are starting businesses at a higher rate than their American-born counterparts. For example, the Tucson Weekly recently reported on a study from the Kaufman Foundation:

The entrepreneur-oriented Ewing Marion Kauffman Foundation reports that in each month of 2005, 350 out of 100,000 adult immigrants created their own businesses. That contrasts with only 280 of every 100,000 native-born Americans starting businesses over the same period.

These are crucial findings, since many economists consider small startups--from mom-and-pop groceries to professional firms--key business bellwethers. "Where you find entre-preneurship, you find business growth," says Rob Fairlie, an economics professor at the University of California at Santa Cruz, and the report's author.

Mito: Los inmigrantes se aprovechan de la economía.

Datos: Se calcula que las familias inmigrantes pagaron como unos $133 mil millones de impuestos directamente a los gobiernos federal, estatal y municipal en 1997. El inmigrante típico junto con sus descendientes pagan un tanto como $80,000 más en impuestos de lo que reciben en beneficios municipales, estatales y federales durante todo el curso de la vida.

Para el período de 1998 a 2022, el total neto de beneficios (impuestos pagados menos los beneficios obtenidos) pagados al sistema de Seguro Social [Social *Security*] calculado al valor actual del dólar y basado en el nivel actual de inmigración totaliza casi $500 mil millones y $2.0 billones hasta el año 2072.

Una carta abierta publicada por el *"Independent Institute"* dirigida al Presidente Bush y al Congreso, firmada por 500 economistas que representan todo tipo de ideología, detalla las habilidades y energía que los inmigrantes aportan a la fuerza laboral y los beneficios que contribuyen a los americanos:

En términos generales, el proceso de inmigración proporciona un provecho para los ciudadanos estadounidenses, aunque sea algo modesto comparado a la economía de 13 billones de dólares.

Mito: Los inmigrantes no documentados no pagan la proporción de gastos que les toca para el cuidado médico y así debilitan el presupuesto de los gobiernos municipales.

Datos: Tal como Julia Preston del periódico *New York Times* averiguó por medio de entrevistarse con administradores de hospitales y peritos en el cuidado médico en el Estado de Texas, la mayoría de inmigrantes indocumentados que acuden a hospitales públicos en Texas son residentes de largo plazo que no solo pagan sus impuestos pero también sus gastos de hospital. Además gozan de la protección médica que proporciona el programa federal de seguro médico *"Medicaid"* cuando dan a luz, que es la razón más frecuente por la cual los inmigrantes indocumentados acuden a servicios de cuidado de la salud.

La mayoría de los inmigrantes indocumentados que acuden a un hospital en Texas pueden demostrar que han vivido aquí muchos años, declara Ernie Schmid, director de política de la asociación de hospitales *"Texas Hospital Association."* Muchas familias de inmigrantes incluyen miembros de las dos categorías; a menudo la esposa o esposo o los hijos de un paciente indocumentado viven aquí legalmente.

La mayoría de los pacientes que son inmigrantes tienen trabajo y pagan sus impuestos a través de las deducciones del cheque de salario o de los impuestos sobre la propiedad que forman parte del costo de alquiler, declaran los administradores de los hospitales en la zona de Dallas y Fort Worth. Los administradores de ambas instituciones añaden que los pacientes inmigrantes pagan sus facturas mejor que los ciudadanos americanos de escasos medios económicos.

Según datos reunidos en los hospitales, el grupo más amplio de pacientes que son inmigrantes indocumentados se compone de mujeres embarazadas. Al contrario de la opinión popular, el cuidado del embarazo no se paga con impuestos municipales. Bajo una enmienda legislativa que se aplicó a reglamentos federales en 2002, los impuestos federales pagan los partos por medio de Medicaid ya que el bebé nace automáticamente como ciudadano estadounidense. (según Julia Preston en el artículo *"Texas Hospitals Reflect the Debate on Immigration"* publicado en el periódico *New York Times*, 18 de julio, 2006).

Residentes nacidos en el extranjero y de escasos recursos económicos, una categoría que incluye a muchos inmigrantes indocumentados, tienden a acudir al cuidado de la Sala de Emergencia en los hospitales con menos frecuencia que otras personas.

Mito: Es más probable que los inmigrantes cometan delitos y que agobien nuestro sistema de justicia.

Datos: Un informe publicado recientemente por el instituto de política de migración *"Migration Policy Institute"* titulado *"Debunking the Myth of Immigrant Criminality: Imprisonment Among First- and Second-Generation Young Men"* (que examina el encarcelamiento de jóvenes recién llegados y de los hijos de inmigrantes) se basa sobre el censo del año 2000 para demostrar que la proporción de los individuos nacidos en el extranjero encarcelados es mucho más baja que la de los nacidos aquí (a 0.68% comparado a 3.51%).

En la Sección de Opiniones publicada por el *New York Times* en marzo, 2006, el profesor de Sociología de la Universidad de Harvard, Robert J. Sampson, presentó el estudio que llevó a cabo con sus colegas examinando actas violentos cometidos por casi 3,000 hombres y mujeres cuyas edades varían de 8 a 25 años, desde 1995 hasta 2003, a través de 180 vecindades en la ciudad de Chicago y notaron la "paradoja del latino" que indica que los latinos (en este caso, la mayoría son de procedencia mexicana) exhiben menos tendencia hacia expresarse violentamente que otra gente del mismo nivel económico:

"Entre el pueblo de descendencia mexicana, notamos una proporción de actos violentos significativamente más baja que la que se exhibe entre los negros y los blancos. Una causa principal se debe a que más del cuarto de todos los de descendencia mexicana nacieron en el extranjero y más de la mitad viven en vecindades pobladas con mexicanos en la mayoría. Por cierto, los inmigrantes de la primera generación (los nacidos fuera de Estados Unidos) que participaron en nuestro estudio muestran una probabilidad de cometer violencia a 45% menos que los americanos de la tercera generación, adaptando los datos según las características familiares y vecinales de los participantes en el estudio. Los inmigrantes de la segunda generación exhiben una probabilidad de cometer violencia a 22% menos que la tercera generación."(Artículo en el *New York Times* del 11 de marzo, 2006: *"Open Doors Don't Invite Criminals"* es decir "La Puerta Abierta No Invita Al Criminal".)

Mito: Los inmigrantes les quitan el empleo a los americanos.

Datos: Los inmigrantes no le quitan el trabajo a nadie. El sistema económico estadounidense puede acomodar todas las personas que quieran trabajar con tal que el mercado laboral se mantenga libre, flexible y accesible equitativamente para todos los trabajadores.

La mayoría de los economistas que estudian la fuerza laboral opinan que los inmigrantes tienden a complementar en vez de competir contra los trabajadores americanos, tanto donde se requieren habilidades desarrolladas como para la mano de obra sin necesidad de habilidades especiales. Muchos inmigrantes desempeñan empleo que no requiere habilidades especiales y que muchos americanos prefieren rechazar o donde existe escasez de trabajadores. Pero tal vez aún más importante, los inmigrantes generan empleo por medio de formar empresas particulares.

Dos estudios realizados recientemente muestran que los inmigrantes emprenden negocios con más frecuencia que sus semejantes nacidos en Estados Unidos. Por ejemplo, el periódico *Tucson Weekly* informó recientemente respecto a un estudio de la organización Kaufman Foundation:

La organización Ewing Marion Kauffman Foundation que apoya al empresario reporta que en cada mes del año 2005, 350 de entre 100,000 inmigrantes adultos establecieron su propia empresa. Esto contrasta con solo 280 de entre 100,000 nativos de Estados Unidos que pusieron un negocio durante el mismo plazo.

Estos resultados son críticos ya que muchos economistas consideran la formación de pequeñas empresas, desde los comercios familiares hasta los consultorios profesionales, como indicadores claves de actividades comerciales. "Donde existe el espíritu empresarial, crece el negocio," declara Rob Fairlie, profesor de Economía en la Universidad Estatal de California en Santa Cruz y el autor del informe.

Jo Salas is the founder and artistic director of Hudson River Playback Theatre, a nonprofit ensemble based in New Paltz, New York. She is the author of *Improvising Real Life: Personal Story in Playback Theatre*, now published in six languages, and *Do My Story, Sing My Song: Music therapy and Playback Theatre with troubled children.*

Leslie Gauna was raised in Argentina and now lives in Houston, Texas, where she is a writer, teacher, mother, and the director of Houston Playback Theatre.

ABOUT HUDSON RIVER PLAYBACK THEATRE

HRPT (www.hudsonriverplayback.org) was founded in 1990. The company performs in theatres, schools, and for a wide variety of community organizations, always using the Playback Theatre format of enacting audience members' stories to build connection, dialogue, and social change.

Company members appearing in *Half of My Heart* are Lauren Ardman, Dean Jones, Chris Jones, Mary Rachel Platt, Jo Salas, Matt Spitzer, and Sarah Urech. Other company members who took part in the Immigrant Stories project but were not present at the photographed shows are Penny Clayton, Sundiata Burns, and Debbie Lan.